IRISH

Irish is a Celtic language, closely related to Scottish Gaelic and Manx, and is still spoken in small areas of Waterford, West Cork and West Kerry, and in wider areas of Connemara, Mayo and Donegal. This book has been specially prepared by two expert teachers for all who wish to learn to speak, read and write Irish, and to enable them to do all three as quickly and as easily as possible. At the same time, the authors have tried to serve the needs of those who would like to know something of the language but have no intention of speaking it.

TEACH YOURSELF BOOKS

It will in time prove its own worth . . . it is very difficult to achieve the perfection which is so obvious in this text. Great talent and a lot of hard work has gone into it.

Irish Press

IRISH

Myles Dillon
Formerly Senior Professor in the Dublin Institute for
Advanced Studies

Donncha Ó Cróinín
Professor of Irish in Our Lady of Mercy Training College,
Carysfort Park, Dublin

TEACH YOURSELF BOOKS
Hodder and Stoughton

First printed 1961
Sixteenth impression 1984

Copyright © 1961
Hodder and Stoughton Ltd.

This volume is published in the U.S.A. by David McKay
Company Inc., 750 Third Avenue, New York, N.Y. 10017.

ISBN 0 340 27841 2

Printed in Great Britain
for Hodder and Stoughton Educational,
a division of Hodder and Stoughton Ltd,
Mill Road, Dunton Green, Sevenoaks, Kent
by Richard Clay (The Chaucer Press) Ltd, Bungay, Suffolk

CONTENTS

PART I

PART II

PART III

APPENDIX

INTRODUCTION

Irish is a Celtic language, closely related to Scottish Gaelic and Manx which are really dialects of Irish and have had a distinct literary form only since the seventeenth century. These three form the Goidelic group, so called from *Goidel*, the Old Irish word for "Irishman". The other surviving Celtic languages are Welsh and Breton, which together with Cornish form the Britannic (or British) group. Manx and Cornish are now extinct. A few speakers of Manx may survive, but the language is no longer used: Cornish ceased to be spoken at about the end of the eighteenth century.

Irish is still spoken in small areas of Waterford, West Cork and West Kerry, and in wider areas of Connemara (West Galway) Mayo and Donegal. Four dialects can be roughly distinguished, East Munster (Waterford) and West Munster (Cork and Kerry) forming a southern group, Connacht (Galway and Mayo) and Ulster (Donegal) forming the northern group. There are, of course, minor points of difference between Cork and Kerry, and between Galway and Mayo, and the speech of North Mayo approaches that of South Donegal. The dialect chosen for this book is that of West Munster, as it is phonetically the simplest, and it is closest to the language of the Munster poets of the seventeenth and eighteenth centuries, who best represent the last survival of the old literary tradition.

When we have had to choose between a recognised literary form which is not obsolete, and a form which appears to us to be "sub-standard", the literary form has been preferred. For example, the formation of the plural of nouns is sometimes free in the spoken language, and anomalous forms occur. In West Munster the plural of *abha* "river" may occur as *aibhnte* or *aibhní*, but *aibhne* is the established form, and will be accepted by native speakers: *léine* "shirt" may occur in the plural in conversation as *léinteacha* or *léinte*, but *léinte* is the established form and has been preferred. For some nouns, two plural forms have been allowed, where both can be defended.

The prepositional pronoun *dó* "to him" has a short vowel in Munster, but *dó* is the established form.

The preposition *roimh* has generalised the pronominal form *roimis* in West Munster, but the normal form will be understood and is here preferred. So too *cé acu* "which" is used here, although the colloquial form doubles the *acu* (*cé acu acu*).

Opinions will vary as to how these matters should be presented. We have had to make decisions and have done as we thought best.

In 1948 a standard form of spelling used by the Translation Branch of the Oireachtas was approved by the Department of Education, and we have adopted their system of spelling as far as possible, while adhering to the grammatical usage of West Munster. Dinneen's Irish Dictionary and books published before 1948 are in the old spelling. The chief purpose of the new spelling is to get rid of silent consonants (as in English "plough", "though", "island"), which in Irish are, or were, very common and very inconvenient. A list of examples to illustrate the old and new spellings is given below. It is hoped that the learner will quickly adapt himself to the old spelling, when he meets it.

It is assumed that those who use this book will want to read, write and speak Irish, and it has been designed to enable them to do all three as quickly and easily as possible. But Irish is not an easy language, and learning Irish means hard work and constant practice. In order to speak a foreign language well, you must have opportunities for conversation, and there is really no substitute for a long visit to Coolea or Ballinskelligs or Ballyferriter or Dunquin. But, as a preparation for visits to the Gaeltacht, the Irish exercises in this book have been recorded on two long-playing records,* and these records should be learned by heart. Conversational

* Gael-Linn, 26 Merrion Street, Dublin 2.

power is what you make of it. The student can practise by asking himself questions aloud and answering them, varying the sentences given in the exercises. Not much has been given of actual conversation, but all the exercises are conversational in tone and subject matter.

Some readers will use the book merely to learn something about the language, without any intention of speaking it; and we have tried to serve their purpose also. For a more learned and scientific treatment, these mere linguists should proceed to the two excellent books by M. L. Sjoestedt-Jonval, *Phonétique d'un parler irlandais de Kerry* (Paris, 1931) and *Description d'un parler irlandais de Kerry* (Paris, 1938). The phonetic system has been fully described for West Cork by Brian Ó Cuív, *The Irish of West Muskerry, Co. Cork* (Dublin, 1944).

A Key to the exercises is given. This should be used sensibly. Do your exercise before consulting the Key, and then correct your work. Afterwards, do the exercises the other way round, testing your translation of the Key with the original exercises. Irish is much more different from English than is German or French, not merely in vocabulary (you can learn the words easily), but in syntax and idiom. Great care has been taken with the Lessons, but sometimes you may have to resort to the Key while doing the translation into Irish. Do so boldly and with a clear conscience. That is in part what the Key is for. When you then make the Key the exercise, things will be easier.

Revise constantly. After every three lessons, go back and refresh your memory of grammar and vocabulary.

In the section on pronunciation the International Phonetic Alphabet has been used, but a simplified spelling is given in the vocabularies in the Lessons. The International Phonetic Alphabet has been supplied in the general vocabulary.

In planning the book we have been guided by the authors of two earlier volumes in the series, *Teach Yourself Norwegian* and *Teach Yourself German*. The Irish handbooks of the Christian Brothers, *An Irish Grammar* and *Aids to*

Irish Composition have been most helpful; and we have, of course, consulted O'Nolan, *New Era Grammar of Modern Irish* and *Studies in Modern Irish*, Mac Giolla Phádraig, *Réidh-Chúrsa Gramadaí* and *Bun-Chúrsa Gaedhilge* and Ó Cadhlaigh, *Ceart na Gaedhilge* and *Gnás na Gaedhilge*. In presenting the rules for aspiration and eclipsis we have followed the method of the *Réidh-Chúrsa Gramadaí*. For details of pronunciation we have relied upon Brian Ó Cuív, *The Irish of West Muskerry*. Where we have had to make a choice, we have followed as closely as possible the standard usage as presented in *Gramadach na Gaeilge agus Litriú na Gaeilge* (Dublin, Stationery Office, 1958).[1]

We are specially indebted to Seán Ó Cróinín for advice and criticism, and to Máiréad Ní Ghráda who kindly read the book in typescript and suggested many improvements.

Our thanks are also due to the Trustees of the O'Leary Trust and to Browne & Nolan Limited for permission to use the passage quoted from *Séadna*, and to those whose comments have helped us to improve this edition.

---

[1] Thus for *éinne* "anyone", *éinní* "anything", we have adopted *aon duine, aon ní*. For *baochas* "thanks, gratitude", *Gaoluinn* "Irish" of the dialect, we use the prescribed spellings *buíochas* and *Gaeilge* respectively, but the pronunciation is always given. For "minute(s)" the form now prescribed is *nóiméad, nóiméid*, but *neomat, neomataí* are retained here. So also *duart* "I said", where the prescribed form *dúirt mé* is strange to the dialect.

PART I

THE IRISH ALPHABET

The use of roman type has only recently become common, and many books are still printed in the old Gaelic type. The student should, therefore, learn both. As the Gaelic form is simply the medieval manuscript form, it presents no difficulty.

Roman	Gaelic	
a	a	
b	b	
c	c	
d	ꝺ	
e	e	
f	ꝼ	
g	ᵹ	
h	h	
i	i	
l	l	
m	m	
n	n	
o	o	
p	p	
r	ꞃ	Ꞃ
s	ꞅ	S
t	ꞇ	
u	u	

Only r and s have distinct capital forms in Gaelic type. For the other letters the capitals are merely larger than the others.

The old names of the letters were tree-names: *ailm* "elm", *beith* "birch", *coll* "hazel", *dair* "oak", *edad* "aspen", *fern* "alder", *gort* "ivy", *idad* "yew", *luis* "mountain-ash", *muin* "vine"(?), *nin* "ash", *onn* "gorse", *pin*(?), *ruis* "elder", *sail* "willow", *tinne* "holly", *úr* "blackthorn".

These names are no longer used, and the names are as in English except for *a*, which is named as it is pronounced.

Three important points which affect spelling may be introduced here.

(i) Every consonant has two qualities, velar and palatal, called "broad" and "slender" respectively; and these qualities are marked in spelling by means of glide-vowels. The consonant is "broad" when it precedes (or follows) a "broad" vowel, (a, o, u). It is "slender" when it precedes (or follows) a "slender" vowel (e, i). When a consonant is between vowels, the following vowel predominates and a slender vowel is inserted before a slender consonant, a broad vowel before a broad consonant. Thus the flanking vowels will always agree, slender with slender and broad with broad ("*caol le caol agus leathan le leathan*").

(ii) The consonants p, t, c, b, d, g, m, f, s are liable to a change called aspiration, which turns them into spirants. This change is written by adding h in roman and by adding a dot in Gaelic type: bh ḃ, dh ḋ, gh ġ, and so on.[1]

(iii) The consonants p, t, c, f and b, d, g are liable to a change called eclipsis, which makes the voiceless consonants voiced, and the voiced consonants nasal. Thus p, t, c, f become b, d, g, v (written bh) respectively, and b, d, g become m, n, ng. But the original consonant is kept in spelling, and the eclipsis is written before it: bp, dt, gc, bhf, mb, nd, ng.

The rules for aspiration and eclipsis are given below.

The contrast of sound between broad and slender may be illustrated in English by the following pairs:

[1] For the pronunciation see p. 9.

tool	*t*une
cool	*c*ure
foot	*f*ew
boot	*b*eauty
do	*d*uty
good	*g*ules
moon	*m*usic
noon	*n*ew
loose	*l*ure
soon	sure

This illustration should be helpful. It needs qualification for *t* and *d*, which in Irish, when "broad", sound not like English *t*, *d*, but more like French *t* in *très*, *d* in *dresser*, the tongue being spread just behind the upper teeth; when "slender" they are close to the English sounds. Note that the slender *s* is like *s* in "sure" not in "sewer".

The vowels have their Latin values, not as in English, and may be long or short. A long vowel is marked with the acute accent, and this may not be omitted,[1] as there are many pairs of words distinguished only by this mark of the long vowel:

ait queer *áit* place

ait sounds like Eng. "at"; *áit* like Eng. "art" (but with palatal *t*)

cas curly *cás* case

cas rhymes with Eng. "moss"; *cás* with Eng. "farce"

cead permission *céad* hundred

cead rhymes with Eng. "had"; *céad* is [k'iad]

fear man *féar* grass

mear lively *méar* finger

fear sounds like Eng. "far" with the vowel short and the

---

[1] In the new spelling the accent is omitted over long *o* preceded by *e*, as this digraph rarely occurs with short *o*. The only words in this book to have short *eo* are *deoch* [d'ox] "drink", *eochair* "key" and *seo* "this".

sean old *séan* good luck	*r* trilled: *féar* is between "fair" and "fear" with the *r* trilled; and so also for *mear* and *méar*, *sean* and *séan* (*sean* as in Eng. "shanty")
min meal *mín* smooth	*min* as in Eng. "tin"; *mín* as in Eng. "mean"
solas light *sólás* comfort	*solas* is like Eng. "solace"; *sólás* has both vowels long.

There are two true diphthongs, both written and pronounced, ia and ua. The written diphthong ao is pronounced as an open e like the vowel in English "mare", "hair". Before a slender consonant it is long i as in "see": *taobh* [te:v] "side", gen. *taoibh* [ti:v']. There are other diphthongs in pronunciation (p. 7), arising from loss of consonants, as in English "plough", "dough", "through", but usually when two vowels occur together one is merely a glide. Thus *fios* [f'is] "knowledge" and *fuil* [fil'] "blood" both have the vowel *i*; the former has slender f and broad s, the latter has broad f and slender l: *fear* [f'ar] "man" and *cailc* [kal'k'] "chalk" both have the vowel *a*; the former has slender f and broad r, the latter has broad c and slender lc. And these values for the groups ui, ea, ai are normal[1], when they are stressed. In a few words three vowels come together: when *ia*, *ua* are followed by a slender consonant, we get *iai*, *uai*[2] as in *riail* "rule", *fuair* "found"; sometimes a broad vowel is flanked by slender consonants as in *ciúin* [k'u:n'] "quiet", *ceoil* [k'o:l'] "music" (gen.).

---

[1] Not constant, cf. *beag* and words ending in -ll, -nn, -rr (*geall*, *ceann*, *fearr*) in the vocabulary. In -io- the i is often the glide, cf. *pioc*, *sioc*, *siopa*, and also *iomad*, see Ó Cuív §301.

[2] The diphthongs are then [ie], [ue], while before a broad consonant they are [iə], [uə].

PRONUNCIATION

The pronunciation given in this book is that of West Munster, which is the easiest to learn and the most commonly used by learners. Irish pronunciation is probably not as difficult for an English speaker as French, and certainly much easier for an Irishman, for English as spoken in Ireland still has an Irish flavour. But the sounds are not well shown by the spelling, for in Irish, as in English, many consonants have become vocalised and have given rise to diphthongs or long vowels, while the old spelling has remained. English "dough", "plough", "through" have been mentioned, and "rough", "enough", "thought", "fought" add to the list of sounds spelt ough in English. But beside "thought" you have "taught", and then "taut" without *gh*. Beside "fought" you have "fort", which in Standard English are pronounced alike. The difficulty of Irish sounds for English speakers is of the same kind, not so much in the sounds themselves as in the awkward spelling. The new spelling has removed much of this difficulty, and our simplified spelling will be a further help. In the general vocabulary at the end of the book the IPA is supplied throughout.

We have seen that beside the diphthongs *ia* (*iai*) and *ua* (*uai*) there are others arising from loss of consonants. For the purpose of this book they might be reduced to two: *au* as in "house" (or better German *Haus*) and *ay* as in "light". In fact there is also a diphthong *ou*, beginning with *o* rather than *a*, and there is also a diphthong *əi*, beginning with *ə* rather than *a*, but you should not worry about the distinction. You will be understood with a mere *au* and *ay*, and accuracy can come later when you are in touch with native speakers. These diphthongs most commonly arise when an "aspirated" *b*, *d*, *g* or *m* occurs in medial position, followed either by a vowel or by another consonant. Thus *gabhar*

"goat" is pronounced [gour], *domhan* "world" is pro-
nounced [doun], *amhras* "doubt" [aurəs]; *gadhar* "dog"
[gəir], *raghad* "I shall go" [rəid], *adhmad* "wood" [əiməd],
feidhm "force" [f'əim']. As a general rule, when the vocalised
(or lost) consonant is a broad *bh* or *mh*, the diphthong is
au (or *ou*); when it is broad *dh* or *gh*, or any slender consonant,
the diphthong is *ai* (or *əi*). One other point must be noticed:
when the consonant is *mh*, the diphthong is often nasalised,
and this is a difficulty for English speakers, unless they
know French. Again, it is not of great importance for
beginners. You will be understood even if you omit the
nasal quality: *aimhleas* "disadvantage" [ail'əs] may be
pronounced [ãil'əs], with a nasal diphthong; *amhras* "doubt"
may be [ãurəs], but the pronunciation [aurəs] is acceptable,
and is normal in West Cork.

Diphthongs arise also when a vowel is followed by ll, nn
or m in words of one syllable: *dall* "blind" is [daul], *mall*
"slow" is [maul], *gann* "scarce" [gaun], *cam* "crooked"
[kaum], *donn* "brown" [doun], *poll* "hole" [poul], *greim*[1]
"grip" [gr'əim']. Before *-rr* a short a is lengthened: *gearr*
"short" [g'a:r], *fearr* "better" [f'a:r]; or else a short final
vowel develops: [g'arə], [f'arə].

So much for vowels and diphthongs. The vowels have been
described on p. 5. We must now return to the consonants.
You have seen that every consonant has two qualities,
broad and slender, and this distinction may not be neglected
even by beginners, for it is fundamental to the system. It is
commonly the main difference between two words, or be-
tween two cases of a noun or two forms of a verb. Thus,
bó "cow" [bo:] is distinct from *beo* "alive" [b'o:], *bog* "soft"
is distinct from *beag* [b'og] "small"; *maoin* "wealth"
[mi:n'] is distinct from *min* "smooth" [m'i:n']; *labhair*
"speak" [lour'] is distinct from *leabhair* "books" [l'our'];
nom. sg. *bád* "boat" [ba:d] is distinct from gen. sg. and nom.
pl. *báid* [ba:d']; *bhíos* "I was" [v'i:s] is distinct from *bhís* "you
(sg.) were" [v'i:ʃ]. In practice, as suggested on p. 5, a slight

[1] Historically the vowel is e, and the i is a slender glide.

y-sound after the slender consonant will serve. Thus (byō)
for *beo*, and this is easy if the following vowel is broad
(a, o, u), but not if it is slender, or if the consonant itself is
final. For the *m* in *min* you must keep the lips close to the
teeth, and for *maoin* they are looser (there may even be an
off-glide like w). And in either word, if you pronounce a
broad final *n*, you may not be understood. (There are words
mbuion [miːn] and *mbionn* [m'iːn] which would interfere.) A
double *nn* when slender is pronounced *ng* as in "sing".

Remember that if a consonant is preceded or followed by
e or *i*, it is slender, if by *a*, *o* or *u*, it is broad.

One sound about which a special note is required is *r*. It is
always trilled, never flapped or silent as in English. For
broad *r* there is no further difficulty, but slender *r* is difficult
for English speakers. It approaches the sound of *z*. (In
some dialects it has almost become *z*.) If you sound a *z*
and then trill it, you will get a fair result. Fortunately
original slender *r* has become broad when it begins a word,
so that this sound is required only in medial or final position:
rí "king" has a broad *r*, but *tír* "country" and *Máire* "Ma
have the slender sound.

The second point about consonants is "aspiration",[1] of
which something has been said in connection with diph-
thongs. The following table shows the sound-changes caused
by aspiration:

	written	pronounced
p	ph	f
t	th	h
c	ch	ch { broad as in German *ach* or Scottish *Loch*. slender as in German *ich*.

---

[1] The term is phonetically wrong, for the affected consonants are
not aspirated but spirant. However it is firmly established in
grammars of Modern Irish, and we are not here concerned with the
science of phonetics.

	written	pronounced
f	fh	silent
s[1]	sh	h[2]
b	bh	v
d	dh ⎫	⎧ broad, a voiced guttural spirant[3]
g	gh ⎭	⎩ slender, y as in Eng. "yet"
m	mh	v

These values are true for *ph, th, ch, fh, sh* in all positions. In medial position, as we have seen, *bh, dh, gh, mh* are vocalised when broad and give rise to diphthongs. The group *-omha-* in the middle of a word is pronounced as a long nasal *o: comhartha* "sign", pron. [kŏːrhə]. The group *-ighe* is pronounced as a long *i*, and written *i* in the new spelling, a reform which we have adopted. Slender *dh* and *gh* (*-idh* and *-igh*) at the end of a word are pronounced as *g*. Broad *dh* at the end of a noun is silent; in the 3 sg. ending of a verb, it is pronounced as *ch*; in the past passive as *g* or *ch*. Medial *-lt-* is pronounced *lh*.

The Additional Vowel.

When *l, n* or *r* is followed by *b, bh, ch, g* (not after n), *m* or *mh*, and preceded by a short stressed vowel, an additional vowel is heard between them: *balbh* "dumb" is pronounced [bɑləv], *bolg* "stomach" [boləg], *borb* "rude" [borəb], *garbh* "rough" [gɑrəv], *dorcha* "dark" [dorəxə], *fearg* "anger" [f'arəg], *gorm* "blue" [gorəm], *seanchaí* "story-teller" [ʃanəˈxiː], *ainm* "name" [an'im'], *ainmhí* "animal"

---

[1] Note that when aspiration of initial *s-* is caused by the definite article (p. 17), *t* is prefixed to the *s-*, and the sound is *t*.

[2] When slender initial *s* is followed by a broad vowel, aspiration normally changes it to slender *ch*: *a Sheáin* [əˈxʼaːnʼ] "John!", *hata Shiobhán* [hatə xʼəˈvaːn] "Joan's hat".

[3] This is the voiced sound corresponding to *ch*. It occurs in North German *sagen, Magen, Bogen*, etc.

[an'i‖v'i:]. You need not memorise this rule, as the pro-
nunciation of each word is given in the vocabulary, but you
will want to refer to it when puzzled by the simplified
spelling. For a fuller treatment of the additional vowel, see
Ó Cuív, pp. 105-6.

Stress

As a general rule the stress is on the first syllable, and it is
so strong that all short vowels in the following syllables are
indistinct. They are reduced to the quality of the murmured
vowel [ə] in English "barrăck", "commŏn", "custŏm",
"solăce". If the flanking consonants are slender, the un-
stressed vowel will have *i*-quality, as in *ainm* above. But if
you pronounce the slender consonants correctly the vowel
will take care of itself.

In West Munster, however, there are exceptions to the rule
of initial stress as follows:

i.   If the second syllable is long, it bears the stress: *cailín,
     garsún, tógálach*, except for some verbal endings.

ii. When the first two syllables are short and the third is
     long, the third syllable bears the stress: *amadán*.

iii. Where the second syllable contains *-ach-* and there is no
     long syllable, the second syllable bears the stress:
     coileàch, beannàcht, casàchtach.

Here the stress is marked by the grave accent. In the
phonetic alphabet it is marked by a vertical line before the
stressed syllable, if the first syllable does not bear the stress,
as in [an'i‖v'i:] above.

Finally, if you want to pronounce the Irish of this book
correctly, you must get records, or better still, spend some
months in West Cork or West Kerry.

SYNCOPE

As well as reducing the short unstressed vowels, the strong stress on the first syllable may knock out a syllable. This sometimes happens when by inflexion an ending is added to a word of two syllables. For example *obair* "work" forms the gen. by adding *-e,* and the gen. is *oibre,* not **obaire.* Note that the broad *b* becomes slender when it is joined to the slender *r.* Similarly the comparative of adjectives is formed by adding *-e: íseal* [iːʃəl] "low": *ísle* [iːʃlʼi] "lower".

This is important for the inflexion of one class of verbs of the second conjugation (p. 66):
imrim I play ipv. sg. 2 *imir* past sg. 3 *d'imir sé*
osclaim I open ipv. sg. 2 *oscail* past sg. 3 *d'oscail sé*

RULES FOR ASPIRATION
(See page 4)

I. The initial consonant of nouns is aspirated:

(*a*) following the article *an*
   (i) in the nominative—accusative singular of feminine words: thit an *ch*loch "the stone fell", cuir ort an *ch*asóg "put on the coat".
   (ii) in the genitive singular of masculine words: cos an *mh*adra "the dog's leg", ceann an *fh*ir "the man's head".

(*b*) after the vocative particle *a*, in both sing. and pl. (m. and f.):
   a *dh*uine uasail "dear sir", a *ch*airde "my friends"

(*c*) in the genitive following a feminine noun:
   tine *mh*óna "a turf fire", lámh *ch*únta "a helping hand".

(*d*) in the genitive of proper nouns:
   leabhar *Sh*éamais "James's book", athair *Mh*áire "Mary's father", muintir *Ch*iarraí "the people of Kerry".

(*e*) after the possessive adjectives *mo* "my", *do* "your" (sing.), and *a* "his":
   mo *bh*ean "my wife", do *ch*apall "your horse", a *mh*ac "his son".

(*f*) after the prepositions *ar* "on", *do* "to", *de* "from", *fé* "under", *gan* "without", *idir* "between", "amongst", *mar* "as", *ó* "from", *roimh* "before", *thar* "over, beyond", *trí* "through", *um* "about":
   ar *ch*loich "on a stone", do *Th*adhg "to Tadhg", lán de *bh*ainne "full of milk", fé *ch*athaoir "under a chair", gan *mh*aith "useless" (literally "without use"), idir *dh*aoine "between people", mar *ch*únamh

13

"as a help", ó S*h*eán "from John", roimh *th*eacht
"before coming", thar *Dh*iarmaid "past Dermot",
trí *dh*earmha*d* "through (by) mistake", um *C*háisc
"at Easter".

(g) after *don* "to the", *den* "from, off the", and *sa* "in the":
don *gh*arsún "to the boy", den *bh*óthar "off the
road", sa *bh*aile "at (lit. "in the") home"; but sa
*t*igh "in the house."[1]

Note: In Kerry Irish no distinction is made between
don and *den*, and *don* alone is used, followed usually
by eclipsis: don *gc*apall "to (off) the horse", don
*mb*ád "to the boat", "off the boat".

(h) when the noun forms the second element of a compound
word:
leas*mh*áthair "a stepmother", dea*th*uairisc "a good
account", droch-*ch*aint "bad language".

(i) when it begins a noun-phrase which is the equivalent of
a definite noun in the genitive:
mac *fh*ear an gheata "the gate-keeper's son"; fé
dhéin *th*igh an rí "towards the king's house".

(j) after the numerals *aon* "one" *dá* "two", and after
céad "first":
aon *fh*ear amháin "one man", dhá *ch*uid "two parts",
an chéad *ch*eist "the first question".

(k) after *trí* "three", *cheithre* "four", *cúig* "five" and *sé*
"six" where the sing. of the noun is used:
trí *ch*apall "three horses", cheithre *dh*uine dhéag
"fourteen persons", cúig *bh*osca "five boxes".

(l) after the dative of verbal nouns in the more frequently
used verbal noun phrases:
ag baint *fh*éir, (*mh*óna) "cutting hay (turf)", ag cur
*ph*rátaí (*ch*oirce) "sowing potatoes (oats)".

---

[1] *sa* is a reduced form of *insan* now established in writing, and does
not cause aspiration of t, d.

Note: Where *sa* is followed by a noun beginning with *f*, the *f* is eclipsed: sa *bhf*eirm "in the farm", sa *bhf*arraige "in the sea".

II. The initial consonant of an adjective is aspirated:

(*a*) when qualifying a feminine noun in the nom.-accus. sing.:

> fuinneog *mh*ór "a large window", bó *bh*án "a white cow", cearc *fh*rancach "a turkey-hen".
>
> *Note:* When the adj. precedes a fem. noun to form a compound, the initial consonant is aspirated following the sing. article:
>
> > an *ch*aolchuid "the lesser share", an *mh*órchuid "the greater share, part", an *phr*íomhcheist "the principal question", an *ts*eana-bhean "the old woman" (see below p. 16).

(*b*) after the gen. sing. of a masculine noun:

> mála an duine *bh*oicht "the poor man's bag", lucht an tí *mh*óir "the people of the big house", cos an chapaill *bh*áin "the white horse's leg".

(*c*) after the nom.-accus. plural of a noun when it ends in a slender consonant:

> fir *mh*óra "big men", crainn *bh*eaga "small trees", capaill *mh*aithe "good horses", lachain *bh*ána "white ducks".

(*d*) after a noun in the dative sing. fem. and in the dat. sing. masculine when the noun itself is aspirated:

> fé bhróig *mh*óir "under a big shoe", ar láir *bh*áin "on a white mare", ó dhuine *chr*íonna "from an old person", do bhuachaill *bh*ocht "to a poor boy".

(*e*) after a noun in the vocative sing.:

> a chailín *bh*ig "my little girl", a chréatúir *bh*oicht "my poor creature!".

(*f*) after a noun in the dual number:

> dhá lachain *bh*ána "two white ducks", dhá mhuic *mh*éithe "two fat pigs".

(g) after the past tense and conditional of the verb *is:*
ba, níor, ar, nár, gur:

> ba *mh*ór an trua é "it was a great pity", níor *mh*aith
> liom é "I would not like it", ar *ch*eart é a dhéanamh?
> "would it be right to do it?", dúirt sé gur *bh*ocht an
> scéal é "he said it was a poor story" ("bad case"),
> nár *bh*reá an rud é? "was it not a fine thing?"
> ("would it not be. . . . ?")

III. The *d-* of the prepositional pronouns *dom, duit*, etc.,
díom, díot, etc. is usually aspirated after vowels and silent
consonants:

> Go mbeannaí Dia *dh*uit "May God bless you",
> Thug sé *dh*om é "he gave it to me",
> Chuir sé *dh*e "he made off",
> Níor fhiafraigh sé *dh*ínn "he did not inquire of us",
> Tabharfaidh sé tuilleadh *dh*uit "he will give you more".

IV. The initial consonant of a verb is aspirated:

(a) in the past, imperfect and conditional, whether the
particle *do* is used or not (see p. 32):

> (Do) *th*áinig Seán "John came", (do) *ch*uireadh sé
> "he used to put", (do) *dh*éanfaimís "we would do".

(b) after *ní, má*, and particles containing perfective *ro*
(see p. 47):

> má *bh*uaileann tú "if you strike", ní *ch*reidim é
> "I do not believe it", níor *th*ógas é "I did not take
> it". Nár *th*ugais dó é? "Did you not give it to him?"
> Ar *ch*uais ann? "Did you go there?"

(c) following the nom.-accus. of the relative particle *a*
(see p. 147):

> an duine a *ch*loiseann "the person who hears",
> an capall a *dh*íolas "the horse (that) I sold".

Special rules for aspiration of d, t, s.

Initial *d* and *t* are not regularly aspirated after the

homorganics d, n, t, l, s: *ceann an duine* "the person's head", *gan toradh* "without fruit", *slat tirim* "a dry rod", *dhá chapall déag* "twelve horses".

s is never aspirated in the groups *sc-*, *sm-*, *sp-*, *st-*.

s before a vowel or *l, n, r* is changed to *t* after the article *an*, and written *ts-*:

(*a*) *an tsráid* "the street", *an tsagairt* "of the priest", *an tsrotha* "of the stream";

(*b*) *den tsaol* "(out) of the world", *don tsagart* "to the priest", *den tslait* "from the rod", *sa tsruth* "in the stream", *sa tsnáthaid* "in the needle".

Special rules for aspiration after prepositions:
   s- is not aspirated after the preposition *gan:*
   bás gan sagart "death without a priest".
ar "on" does not aspirate the initial of a following noun:

(*a*) when the sense is general: *ar bord* "on board (ship)" in contrast to *ar bhord* "on a table", *ar muir* "at sea", *ar buile* "angry", *ar meisce* "drunk".

(*b*) in phrases with a verbal noun expressing a state or condition: *ar bogadh* "steeping", *ar crochadh* "hanging", *ar siúl* "going on, happening".

gan "without" does not aspirate a following noun when the noun is part of a verbal noun phrase:
   gan capall do cheannach "without buying a horse", "not to buy a horse".

Non-aspiration occurs also in *gan pósadh* "unmarried", *gan peaca* "sinless", *gan moill* (beside *gan mhoill*) "without delay", *féar gan baint* "unmown hay", etc.

thar "over, beyond" is subject to similar exceptions: *thar barr* "excellent", *thar farraige* "beyond the sea", etc.

RULES FOR ECLIPSIS
(See page 4)

I. The initial consonant of a noun is eclipsed:

(a) in the gen. pl. following the article:
> tithe na *nd*aoine "the peoples' houses", lán na *m*buidéal "the full of the bottles".

(b) in the dat. sing. following a preposition (other than *de* and *do*) with the article:
> ag an *dt*igh "at the house", leis an *m*bata "with the stick", insan *bp*áirc "in the field".
> (Cf. Kerry: "don *g*capall", "don *m*bád" etc. above, under Aspiration g note.)

(c) after the preposition *i*, without the article:
> i *bp*áipéar "in a paper", i *g*cathair "in a city".
> *Note:* This preposition combined with the article normally gives *sa*, which aspirates: sa *ph*áirc "in the field", sa *bh*aile "at home"; but it eclipses *f*: sa *bhf*éar "in the grass" (see under *Aspiration* p. 15); and "sa *m*bliain" is frequently heard beside "sa *bh*liain" "in the year (per annum)".

(d) after the poss. adjectives *ár, bhur,* and *a* (pl.):
> ár *g*ceart "our right", bhur *ng*nó "your business", a *m*beatha "their life".

(e) after the numerals 7 to 10, *seacht, ocht, naoi, deich*:
> seacht *g*capaill "seven horses", ocht *g*cearca "eight hens", naoi *bp*áirceanna "nine fields", deich *nd*oirse "ten doors".

(f) after the numerals *trí, cheithre, cúig, sé,* when in the genitive case:
> ainmhí cheithre *g*cos "a four-footed animal", féar

18

sé *mb*ó "the grass of six cows", fé cheann cúig *mb*lian "after five years".

II. *Eclipsis of Adjectives:*

The eclipsis of adjectives has ceased to be a regular feature of the language, and is confined to the gen. pl. and occasional use with the dative sing. after the article, e.g.

a bhean na stocaí *mb*ána "O woman of the white stockings", ar an leacain *mb*áin "on the white slope", ar an gcuma *gc*éanna "in the same way".

III. *Verbs:*

The initial consonant of a verb is eclipsed:

(a) after *an* (interrog.), *cá* "where?", *go* "that":
an *bh*fuil sé anso? "is he here?" cá *dt*éann tú? "where do you go?" is dócha go *dt*iocfaidh sé "it is likely he will come".

(b) after *dá* "if", *mara* "unless", *sara* "before, lest":
dá *mb*einn ann "if I were there", mara *gc*reideann tú mé "if you do not believe me", sara *nd*éanfainn dearmad "lest I should make a mistake".

(c) after the dependent relative particle *go*:
an té go *bh*fuil a chroí san airgead "the person whose heart is in (the) money", an fear go *bh*fuil an t-airgead aige "the man who has the money".

(d) after the relative *a* ("all that"):
Sin a *bh*fuil agam "that is all I have", ná feic a *bh*feicfir "do not see what you will see".

In positions where an initial consonant is eclipsed, *n*- is prefixed to an initial vowel: *Tír na nÓg* "The Land of the Young"; *i n-áit* "in a place"; *na deich n-aitheanta* "the Ten Commandments".

Obviously these rules for aspiration and eclipsis are not to be memorised. They are given together here, so that you may refer to them when you are puzzled by examples in the Lessons.

The prefixed h:

One other initial change must be noted. The gen. sg. fem. and the nom. pl. of the article prefix *h* to a following initial vowel: *na habhann* "of the river"; *na huain* "the lambs". *h* is also prefixed as follows:

(*a*) to nouns after the fem. possessive *a* "her"; after the numerals *trí, cheithre, sé* and after *tarna* "second" and ordinals ending in *ú*; after the prepositions *go* and *le*[1]: *a hiníon* "her daughter", *trí huaire* "three times", *an tarna huair* "the second time", *go hÉirinn* "to Ireland", *le hór* "with gold";

(*b*) to adjectives after *chomh* "as, so" and *go* (forming adverbs): *chomh hálainn* "as beautiful", *go holc* "badly"; after the negative copula *ní*: *ní hamhlaidh* "it is not so";

(*c*) to verbs in the passive-impersonal after all particles ending in vowels, and to all forms of the verb after the negative *ná* : *ní hitear* "is not eaten", *do hóladh* "was drunk"; *ná hól*! "do not drink!"; *ná hitheann sé?* "does he not eat?", *ná hólann sé tóbac i n-aon chor?* "does he not smoke at all?", *deir sé ná hólann* "he says that he does not (smoke)";

(*d*) to pronouns after the interrogative *cé* and after the negative copula *ní*: *cé hé (hí)?* "who is he (she)?" *cé hiad?* "who are they?", *ní hé (hí), ní hiad; ní hea* "it is not".

---

[1] *Le* prefixes *n* to the verbal nouns *ithe* "to eat" and *ól* "to drink" (p. 84).

KEY TO THE SIMPLIFIED SPELLING

The sounds of Irish are quite unlike those of English, but they may still be heard in English as it is spoken in Ireland. The simplified spelling used here can therefore be only an approximation. The vowel symbols used are as follows:—

ă	as in English	ăbout
a	as in English	at
aa	as in English	far
ä	as in English	mare, hair
e	as in English	bet
ē	as in Italian	sera
i	as in English	it
ee	as in English	fee
o	as in English	loss
ō	as in German	Lohn
ö	as in French	homme
u	as in English	put
oo	as in English	soon

Diphthongs:—

ay	as in English	light
au	as in English	round
ou	as in English	road
eeă	as in English	paean
ooă	as in English	gruel

Consonants:

For the broad and slender sounds of consonants you must refer to p. 5. Except for the dentals no attempt is made to indicate them in the simplified spelling. For the dentals t, d, remember that the broad sounds are not as in English, but are made with the tongue against the upper teeth. We write them t̠, d̠, in simplified spelling. Broad c, g, ng require practice. The c is like English qu without the w-glide.

Thus *caol* "narrow" is like English "quail", but without rounding of the lips, and g, ng are in the same position, but with voicing and nasality respectively.

When the stress is not on the first syllable (see p. 11), the stressed syllable is separated by a hyphen, and marked with the grave accent unless another diacritic appears: *ansan* (ăn-sùn) "there"; *dinnéar* (dee-ngēr) "dinner".

The New Spelling.

The following list of words illustrates the reformed spelling introduced in 1948 and now generally adopted. The purpose of the reform is to eliminate silent consonants and so far as possible to establish a uniform spelling for all the dialects.

Old Spelling	New Spelling	Old Spelling	New Spelling
aimhdheoin	: ainneoin	bliadhain	: bliain
aoinfheacht	: éineacht	brígh	: brí
baoghal	: baol	buidheachas	: buíochas
biadh	: bia	céadna	: céanna
ceannóchad	: ceannód	ithte	: ite
claoidhim	: cloím	laetheamhail	: laethúil
comhgar	: cóngar	leanbhaí	: leanaí
comhnaidhe	: cónaí	lobhtha	: lofa
congnamh	: cúnamh	naomhtha	: naofa
cosamhail	: cosúil	Nodlaig	: Nollaig
cruinneóchad	: cruinneod	riaghail	: riail
dóighim	: dóim	ríoghdha	: ríoga
éadtrom	: éadrom	seachtmhain	: seachtain
éagcóir	: éagóir	síothcháin	: síocháin
éirghe	: éirí	siubhal	: siúl
fiafruigheann	: fiafraíonn	timcheall	: timpeall
Gaedhilge	: Gaeilge	tosnughadh	: tosnú

PART II

LESSON I

The Simple Sentence

1. Masculine Nouns.

All Irish nouns are either masculine or feminine, as in French. The gender is important, as the rules for aspiration vary according to the gender. When the noun is nominative-accusative singular, the article prefixes t- to masculine nouns beginning with a vowel and aspirates feminine nouns beginning with a consonant. The article is *an*, gen. sg. fem. and nom. pl. masc. and fem., *na*. Thus *an bád* "the boat", *an t-uisce* "the water", *an bhean* "the woman".

There is no indefinite article: *fear* "a man", *bean* "a woman", *uisce* "water".

THE FIRST DECLENSION.

Most masculine nouns ending in a broad consonant form the genitive singular and nominative plural by changing the broad consonant to slender, inserting the glide-vowel *i*: *an bád* "the boat"; *an bháid* "of the boat"; pl. *na báid* "the boats"; *an garsún* "the boy"; *an gharsúin* "of the boy"; *na garsúin* "the boys". Note that the plural of *an* is *na*. When the final consonant is *ch*, it is changed to *gh* in the gen. sg. and nom. pl. When the vowel of the final syllable is short, there is a change of vowel as in "man, men". By this change *ea* becomes *i*. Thus *coileach* "cock", pl. *coiligh*; *fear* "man", pl. *fir*. In *mac* "son", pl. *mic*, the *a* becomes *i*. Some nouns add *-e* for the nom. pl.: *doras* "door", pl. *doirse*; *bóthar* "road", pl. *bóithre*; *solas* "light", pl. *soilse*, with syncope of the second syllable, see p. 12.

THE FOURTH DECLENSION.

Most nouns ending in a vowel form the plural in -*í*, and have the same form for nominative and genitive in both singular and plural.

The following list of nouns should be learned:

Singular		Genitive	Nom. Plural
bád	boat	báid	báid
bainne	milk	bainne	
bosca	box	bosca	boscaí
bóthar	road	bóthair	bóithre
buidéal	bottle	buidéil	buidéil
cat	cat	cait	cait
ceann	head	cinn	cinn
dinnéar	dinner	dinnéir	dinnéir
doras	door	dorais	doirse
fear	man	fir	fir
focal	word	focail	focail
gadhar	dog	gadhair	gadhair
garsún	boy	garsúin	garsúin
gort	tillage-field	goirt	goirt
leabhar	book	leabhair	leabhair
páipéar	paper	páipéir	páipéir
sagart	priest	sagairt	sagairt

The verb stands first in its clause. Eng. "the man is here" is *tá an fear anso* (lit. "is the man here"). In English when the verb comes first we have a question, but in Irish there is a special particle *an* (ecl.) to mark the question, and, strange to say, a different verb is used for "is" in questions and in the negative. The word is *fuil* which with *ní* "not" is contracted to *níl* "is not". The interrogative is *an bhfuil?* and the negative interrogative *ná fuil?* "is not?" *Tá* is the independent, or *absolute*, form of the verb, and *fuil* is the *dependent* form.

Note that there are no words in Irish for "yes" and "no". The verb in the question must be repeated in the answer: *An bhfuil sé ann? Tá.* "Is he there?" "Yes".

VOCABULARY

ach (och) *but*

airgead (arigyă̱d) m. *money, silver*

ann (aun) *in it, there*

ansan (ăn-sùn) *there* (demon.), *then*

anso (ăn-sö) *here*

bainne (bangi) m. *milk*

bosca (bösgă) m. *box*

bóthar (bōhăr) m. *road*

breoite (brōti) *sick*

brónach (brōnăch) *sad*

buidéal (bi-dēl) m. *bottle*

caillte (kaylhi) *lost*

dinnéar (dee-ngēr) m. *dinner*

díreach (deerăch) *straight*

fear (far) m. *man*

folamh (fölăv) *empty*

fós (fōs) *yet*

fuar (fooăr) *cold*

garbh (gorăv) *rough, windy*

géar (geear) *sour*

iasc (eeăsk) m. *fish*

lá (laa) m. *day*

lán (laan) *full*

leabhar (lyour) m. *book*

ní (nee) *not*

níl (neel) *is not*

ná fuil? (naa fwil) *is not?*

sé (shē) *he*

siad (sheeă̱d) *they*

tá (t̲aa) *is*

an bhfuil? (ă-vwìl) *is?*

tuirseach (t̲ir-shòch) *tired*

ullamh (ölăv) *ready*

úr (oor) *fresh*

Exercise 1

Read aloud and then translate:

1. Tá an bosca lán. 2 Tá buidéal ansan. 3. Tá an leabhar caillte. 4. Tá an bóthar díreach. 5. An bhfuil an buidéal folamh? 6. Níl, tá bainne ann. 7. Ná fuil an bainne géar? Tá. 8. Tá an t-iasc úr. 9. An bhfuil an dinnéar ullamh? 10. Níl sé ullamh fós. 11. Tá an garsún breoite. 12. An bhfuil airgead anso? 13. Tá an fear tuirseach. 14. Ná fuil an lá garbh? 15. Tá, ach níl sé fuar.

Now let us try these sentences in the plural. The adjective does not change, but there are plural forms of *tá* and *fuil* which may be used[1]: *táid* "(they) are", *nílid* "they are not".

[1] Commonly in answer to a question.

Exercise 2

Translate into Irish:

The boxes are full. There are bottles there. The books are lost. The roads are straight. Are the bottles empty? No. Are the boxes not ready? The boys are sick. The men are tired.

2. Feminine Nouns.

THE SECOND DECLENSION.

Most feminine nouns ending in a broad consonant form the genitive singular by adding -*e* and the nominative-accusative plural by adding -*a*: *cloch* "stone", *an chloch* "the stone", gen. *na cloiche*, nom. pl. *na clocha*. Note that the gen. sg. of the feminine article is *na*, and that it does not aspirate: it prefixes *h*- to an initial vowel. The -*e* of the gen. sg. changes a preceding *ia* to *éi*, and other changes are as for the masculine nouns. In nouns of more than one syllable, a -*ch* becomes -*gh*- before the -*e*, and the resulting -(a)ighe is pronounced -*í*, and is now so written (see p. 10).

The following list should be learned:

Singular		Genitive	Nom. Plural
baintreach	widow	baintrighe, baintrí	baintreacha
bréag	lie, falsehood	bréige	bréaga
bróg	shoe	bróige	bróga
cearc	hen	circe	cearca
ciall	sense	céille	
clann	children (coll.), family	clainne	clanna
cluas	ear	cluaise	cluasa
cos	leg, foot	coise	cosa
deoch	drink	dighe, dí[1]	deocha
fuinneog	window	fuinneoige	fuinneoga
grian	sun	gréine	
lámh	hand	láimhe	lámha

[1] This is an exception.

Singular		Genitive	Nom. Plural
muc	pig	muice	muca
póg	kiss	póige	póga
scian	knife	scine[1]	sceana[1]

Feminine nouns ending in a slender consonant commonly form a "weak" plural by adding *-eanna*:

áit	place	áite	áiteanna
ceist	question	ceiste	ceisteanna
páirc	field	páirce	páirceanna
scoil	school	scoile	scoileanna
sráid	street	sráide	sráideanna

Some, however, form the plural in *-e*: *pingin* "penny", pl. *pinginē*; *scilling* "shilling", pl. *scillinge*; *seachtain* "week", pl. *seachtaine*;[2] *súil* "eye", pl. *súile. Im* "butter", g. *ime* is masculine, nom.-acc. sg. *an t-im.*

VOCABULARY

agus (ogăs) *and*
bád (baad) m. *boat*
bia (beeă) m. *food*
briste (brishdi) *broken*
caite (kati) *worn out*
cam (kaum) *crooked*
cearc (kyark) f. *hen*
clann (klaun) f. *children, family*
deoch (dyöch) f. *drink*
díolta (deelhă) *sold*
doras (dörăs) m. *door*
dúnta (doontă) *shut*
fliuch (flyuch) *wet*
fuinneog (fi-ngōg) f. *window*
fuar (fooăr) *cold*
géar (geear) *sharp*

glan (glon) *clean*
lámh (laav) f. *hand*
milis (milish) *sweet*
muc (muk) f. *pig*
óg *young*
ramhar (raur) *fat*
salach (sloch) *dirty*
scian (shgeeăn) f. *knife*
sí (shee) *she*
sráid (sraad) f. *street*
súil (sool) f. *eye*
te *warm*
tinn (tayng) *sore*
téad (teead) f. *rope*
tirim (trim) *dry*
ar oscailt (er-ösgilt) *open*

---

[1] This is an exception.　[2] See also p. 103.

The Irish for "very" is a particle *ana-* which aspirates the following consonant and is joined to it with a hyphen in writing; but it is fully stressed: *ana-bheag* "very small", *ana-chiúin* "very quiet", *ana-dhorcha* "very dark", *an-óg*[1] "very young", *ana-shalach* "very dirty".

Note that the feminine pronoun *sí* is used when referring to a feminine noun.

Exercise 3

Read aloud and then translate:

1. Tá an chlann óg. 2. Tá na cearca díolta. 3. Tá an fhuinneog ar oscailt. 4. An bhfuil sí dúnta? 5. Níl, tá sí ar oscailt. 6. Tá an bhróg ana-bheag. 7. Tá an deoch ana-mhilis. 8. An bhfuil sí te? 9. Níl, tá sí fuar. 10 Tá an lámh tinn. 11. Tá an scian géar. 12. Tá an téad briste. 13. Tá na súile dúnta. 14. Tá an scian glan. 15. An bhfuil na bróga caite? 16. Nílid. 17. An bhfuil an tsráid fliuch? 18. Níl, tá sí tirim. 19. Tá an mhuc ramhar.

Exercise 4

Translate:

1. The food is cold, but the drink is warm. 2. The shoes are worn out. 3. Are the knives clean? 4. No, they are dirty. 5. The doors are closed and the windows are open. 6. Are the streets straight? 7. No, they are crooked. 8. Are the pigs sold? Yes. 9. The hens are fat. 10. Is the eye sore? 11. The hands are cold. 12. The rope is dry. 13. The window is broken. 14. The street is very quiet.

[1] Before vowels the form is *an-*, and *an-* is the form in Northern Irish in all positions.

LESSON II

The Regular Verb

You have seen that the verb "to be" is irregular in Irish, as it is in English. Most Irish verbs are regular. There are two conjugations, of which only the first need now concern us. There are five tenses, present, imperfect, past, future, conditional. The stem may end in a broad or slender consonant, and to it are added endings for each person of each tense. Here are the endings of the present and past tenses:

	Present		Past	
Sg. 1 -im	Pl. 1 -imíd	Sg. 1 -as	Pl. 1 -amair
2 -ir	2 -ann	2 -is	2 -abhair
3 -ann	3 -id	3 -	3 -adar

Now if the stem is slender, a broad glide is required before broad endings; if the stem is broad, a slender glide is required before slender endings. The 1 sg. pres. could be stated as -(a)im, the 1 sg. past as -(e)as. These facts should help to give you a grasp of the system, both of spelling and pronunciation; for in each of these endings the vowel-sound is simply the "murmured" vowel of the final syllable in Eng. "ribbon", "villain" etc., duly modified by the consonants which surround it. If you watch your broad and slender consonants, the unstressed vowel must come right. And the quality of the consonants is always marked by the vowels which surround it.

Now let us take two verbs, one with a broad stem and one with a slender:

31

dúnaim "I shut"

	Present	Past
Sg. 1	dúnaim	do dhúnas
2	⎰ dúnair ⎱ dúnann tú	do dhúnais
3	dúnann sé, sí	do dhún sé, sí
Pl. 1	dúnaimíd	do dhúnamair
2	dúnann sibh	do ⎰ dhúnabhair ⎱ dhún sibh
3	dúnaid	do dhúnadar

buailim "I strike"

	Present	Past
Sg. 1	buailim	do bhuaileas
2	⎰ buailir ⎱ buaileann tú	do bhuailis
3	buaileann sé, sí	do bhuail sé, sí
Pl. 1	buailimíd	do bhuaileamair
2	buaileann sibh	do ⎰ bhuaileabhair ⎱ bhuail sibh
3	buailid	do bhuaileadar

Note that the 2 and 3 sg. and 2 pl. of every tense may take
the common form of the tense with a personal pronoun.
This form, originally 3 sg., may also occur in the 3 pl.
(*dúnann siad* "they shut") and it is the form used with
a noun subject. The past, imperfect and conditional take
the particle *do* (asp.): it is frequently omitted in conversa-
tion, when the verb begins with a consonant, as the aspira-
tion suffices, but it is never omitted before a vowel. Before
vowels and *fh-* (which is silent), the *o* of *do* is dropped:
(*do*) *bhuail sé* "he struck", *d'ól sé* "he drank", *d'fhéach sé* "he
looked".

The negative and interrogative particles are *ní* (asp.) and *an* (ecl.) respectively (see p. 26), but with the past tense the forms are *níor* (asp.) and *ar* (asp.), and *do* is dropped: *ní bhuailim* "I do not strike", *an mbuailim* "do I strike?", *níor bhuaileas (dhúnas)* "I did not strike (shut)", *ar bhuaileas (dhúnas)* "did I strike (shut)?".

The following list should be learned:

caillim *I lose*	díolaim *I sell, pay*
caithim *I spend, use*	dúnaim *I shut*
ceilim *I conceal*	fágaim *I leave*
creidim *I believe*	fanaim *I wait, stay*
crúdhaim, crúim *I milk*	féachaim *I look*
cuirim *I put*	iarraim *I request*
léighim, léim *I read*	scríobhaim *I write*
líonaim *I fill*	stadaim *I stop*
múinim *I teach*	suidhim, suím *I sit*
nighim, ním *I wash*	titim *I fall*
ólaim *I drink*	tuigim *I understand*
rithim *I run*	

Exercise 5

Put the following into the plural, past tense, thus:

léim : do léamair
cuireann sé : do chuireadar
stadann tú : do stadabhair

caillir; cuireann sí; creidim; líonann tú; díolann sé; fanaim; scríobhair; tuigeann sé.

Exercise 6

Put the following into the present:
Do dhíolabhair; d'iarradar; d'fhéachais; do chailleamair; do thit sé; do mhúin sibh; do stadamair; do thuigeas.

VOCABULARY

ceilim (kelim) *I conceal*	focal (fökăl) m. *word*
fírinne (feeringi) f. *truth*	gadhar (gayăr) m. *dog*

garsún (gor-soòn) m. *boy*
glanaim (glonim) *I clean*
litir f. *letter*

páipéar (paa-pēr) m. *paper*
sagárt (sogărt) m. *priest*
uisce (ishgi) m. *water*

Exercise 7

Translate into Irish:

A. 1. We read the books. 2. The boy drinks the milk. 3. They do not understand. 4. You (pl.) fall. 5. I spend the money. 6. You (sg.) clean the knife. 7. They shut the door, but they do not shut the window. 8. Do you (pl.) understand? 9. Does he believe? No. 10. He writes a letter. 11. He conceals the truth.

B. 12. They understood the words. 13. Did the priest believe the boys? 14. You lost the money. 15. Did he strike the dog? 16. We filled the bottles. 17. Did the boys drink the water? 18. No, but they drank milk. 19. Did you (sg.) read the paper? 20. The priests read the books.

LESSON III

Cases of the Noun

In Irish the noun has four distinct cases: nominative-accusative, genitive, dative and vocative. This may cause you some difficulty, as there is only one extra case left in English, the genitive singular in -s, as in "my father's hat", "the man's stick", "the girl's frock", and in English it is usually possessive. You have seen how the genitive singular is formed in the two classes of nouns in Lesson I, and in Irish the genitive is used not only for possession but also as an adjective, and in other ways. For example *adhmad* means "wood" and *bosca adhmaid* means "a wooden box"; *slinn* "slate":-*ceann slinne* "slate roof"; *im* "butter": *punt ime* "a pound of butter". The genitive plural in these two classes is the same as the nom. sg.

But in addition to the genitive, there is a dative case for what is called in English the indirect object. In the sentence: "the man gives the boy an apple," we say that "boy" is the indirect object, and it is marked in English by its position before the object. Its position is fixed unless indeed you bring in the preposition and say "gives an apple *to* the boy", which is not the normal phrase. In Irish you *must* use a preposition, and there is a separate form for the second declension in the singular, and for all nouns in the plural. The dat. sg. of the second declension is formed by dropping the -*e* of the genitive; the dative pl. has the ending -(*a*)*ibh*[1]. Finally there is a vocative case, used of a person spoken to, and the vocative of the first declension has the same form as the genitive in the singular, and a separate form in the plural.

[1] The dative plural is now becoming a literary form and the nominative plural serves as dative in conversation, and is often so used in the lessons.

In the second declension it is the same as the nominative. But it is preceded (as in Arabic) by a vocative particle *a* (asp.): *a mhic* "my boy!" (lit. "O son!"), *a ghrá* "my love!" With proper names: Seán "John" *a Sheáin*, Tomás "Thomas" *a Thomáis*, Máire "Mary" *a Mháire*.

Now we can tackle these two declensions in full, and the two paradigms should be learned by heart:

FIRST DECLENSION (m.)

an bád "the boat"

	Sg.	Pl.
N-Acc.	an bád *the boat*	na báid *the boats*
Gen.	an bháid *of the boat*	na mbád *of the boats*
Dat.	don bhád *to the boat*	dosna bádaibh *to the boats*
Voc.	a bháid	a bháda

SECOND DECLENSION (f.)

an chloch "the stone"

	Sg.	Pl.
N-Acc.	an chloch *the stone*	na clocha *the stones*
Gen.	na cloiche *of the stone*	na gcloch *of the stones*
Dat.	don chloich *to the stone*	dosna clochaibh *to the stones*
Voc.	a chloch	a chlocha

Simple prepositions take the dative case (except *gan* "without" and *idir* "between", which take the nom.-acc.; *chun* "towards", *timpeall* "around" and *trasna* "across", which were originally nouns and take the genitive):

ag *at*	ar (asp.) *upon*
de (asp.) *from*	i (ecl.) *in*
do (asp.) *to*	le *with*
fé (asp.) *under*	ó (asp.) *from*

The prepositions *de*, *do* and *fé* elide the *a* of the article: *den*, *don*, *fén*. With the article all prepositions cause eclipsis, except *den*, *don* which aspirate; *i* and *le* with the article make *insan, insna* and *leis an, leisna* respectively,[1] but *insan* is commonly reduced to *sa* (asp.). Note that the definite article may not be doubled: *hata an fhir* "the man's hat" (not *an hata an fhir*, see p. 79).

(see p. 79)

VOCABULARY

adhmad (aymăd) m. *wood*
bacach (bă-kòch) *lame*
bainim (bwinim) de *I take from*
bord (bōrd) m. *table*
brisim (brishim) *I break*
briste (brishdi) *broken*
buartha (booărhă) *troubled*
capall (kopăl) m. *horse*
casóg (kă-sōg) f. *coat*

ceann (kyaun) m. *head*
cos (kös) f. *leg*
deisithe (deshihi) *mended*
fráma (fraamă) m. *frame*
gloine (glini) f. *glass*
láidir (laadir) *strong*
mála (maală) m. *bag, sack*
páirc (paark) f. *field*
urlár (oor-laàr) m. *floor*

Exercise 8

1. Tá capall an tsagairt bacach. 2. D'fhágadar bosca adhmaid ar an urlár. 3. Tá casóg an gharsúin ana-mhór. 4. Do chailleadar mála airgid ar an mbòthar agus táid siad buartha brónach[2]. 5. D'fhág sí buidéal bainne agus gloine uisce ar an mbord. 6. Bhriseadar an fhuinneog le clochaibh. 7. Tá na cearca ag an bhfuinneoig. 8. Tá an gadhar fén mbord. 9. Tá seomra na ngarsún dorcha. 10. Do dhúnamair fuinneog an tseomra. 11. Ar bhainis an t-airgead den ghar-sún? Do bhaineas. 12. Fágann na fir na capaill sa pháirc.

Exercise 9

1. The dog's leg is broken. 2. He reads the boy's books. 3. We put (*past*) the money under the stone. 4. The cat is under the

---

[1] *ag, de, do, fé* and *ó* with the pl. article make *agesna, desna, dosna, fésna* and *ósna* in Munster, but these forms may be regarded as colloquial.

[2] Note that *agus* is not used between two adjectives.

window and the dog is at the door. 5. Have you lost (say "did you lose?") the priest's money? 6. He put a glass on the table. 7. The men break stones on the road. 8. The man is at the head of the table. 9. The horses run round the field. 10. He took the books from the boys. 11. We left the window of the room open. 12. The frame of the window has been (say "is") mended.

LESSON IV

Present of the verb "to be"

			Negative
Sg.	1	táim	nílim
	2	táir, taoi, tá tú[1]	nílir[2]
	3	tá sé (shē)	níl sé
Pl.	1	táimíd	nílimíd
	2	tá sibh (shiv)[1]	níl sibh[2]
	3	táid, táid siad	nílid

		Interrogative	Negative Interrogative
Sg.	1	an bhfuilim (ă vwilim)?	ná fuilim?
	2	an bhfuilir (ă vwilir)?	ná fuilir?
	3	an bhfuil sé (ă vwil shē)?	ná fuil sé?
Pl.	1	an bhfuilimíd (ă vwilimeed)?	ná fuilimíd?
	2	an bhfuil sibh (ă vwil shiv)?	ná fuil sibh?
	3	an bhfuilid (ă vwilid)?	ná fuilid?

This paradigm of the present indicative of *tá* should be studied carefully, as the forms are in constant use, and they will familiarise you with the use of verbal particles, and of absolute and dependent forms of irregular verbs (see Lesson XIII).

VOCABULARY

amuigh (ă-mù) *outside*
anso (ăn-sò) *here*
baile (bali) m. *village*; sa bhaile *at home*

buíochas (bächăs) m. *thanks*;
buíochas le Dia! *thank God!*
cá? (kaa) ecl. *where?*

[1] *tánn tú, tánn sibh* are common colloquial forms.
[2] *níleann tú, níleann sibh* are common colloquial forms.

39

Cill Airne (aarni) *Killarney*

cistin (kishdin) f. *kitchen*

clós m. *yard*

conas? (kunăs) *how?*

Corcaigh (körkig) f. *Cork*

fál m. *hedge*

gairdín (gaar-deèn) m. *garden*

gearrachaile (gyarăchăli) m. *young girl*

go léir (gă-lēr) *all*

go maith (gă-mòh) *well*

isteach (ish-dàch) *into, in* (with motion)

istigh (ish-dìg) *inside, in* (at rest)

Mícheál (mee-haàl) *Michael*, voc. a Mhíchíl (ă vi-heèl)

páirc (paark) f. *field*

páiste (paashdi) m. *child*

Seán (shaan) *John*

speal (sbal) f.; g. speile *scythe*

Tadhg (ṯayg) *Timothy*

thall (haul) *yonder, over there*

tigh (tig) m., pl. tighthe, tithe *house*

Tomás (ṯă-maàs) *Thomas, Tom*

The common greeting is *Dia 's Muire dhuit!* God and Mary to you! and the reply is *Dia 's Muire dhuit agus Pádraig!* God and Mary to you and Patrick!

Exercise 10

1. Dia 's Muire dhuit, a Thaidhg! 2. Dia 's Muire dhuit agus Pádraig! Conas taoi? 3. Táim go maith, buíochas le Dia! Conas tá sibh go léir sa bhaile? 4. Táimíd go maith. 5. Tá Seán i gCill Airne, ach tá Mícheál agus Nóra anso. Táid istigh sa tigh[1]. 6. Cá bhfuil an garsún óg agus an gearrachaile? 7. Táid amuigh sa ghairdín. 8. D'fhág Tomás an speal thall fén bhfál. 9. Do chuireamair na capaill isteach sa stábla.

Exercise 11

1. God and Mary to you, Tom! How are you? 2. I am well, thank God! 3. Are the children at home? 4. They are all (inside) in the kitchen. 5. Is Michael outside in the yard? 6. He is, but John and Nora are in Cork. 7. The boys are over there in the field. 8. Where is the scythe? 9. It is here under the hedge.

[1] *t* is not aspirated after *sa* (=*insan*), p. 14, note 1.

LESSON V

The Verb "to have" and the past participle
The Perfect Tense

There is no proper verb "to have" in Irish, and the notion is expressed by the verb "to be" with the preposition *ag* "at": *tá sé ag Seán* "John has it" (lit. "it is at John"). This idiom, with the past participle of a verb, provides a perfect tense, distinct from the simple past: *tá sé déanta ag Seán* "John has done it"; *tá an dinnéar ite ag Tomás* "Tom has had (eaten) dinner"; *tá an leabhar caillte ag an ngarsún* "the boy has lost the book".

The past participle is formed with the ending *-te, -ta*, according as the verbal stem is slender or broad.

bris-	"break"	briste
caill-	"lose"	caillte
dóigh-	"burn"	dóighte, dóite
dún-	"shut"	dúnta
ith-	"eat"	ite
léigh-	"read"	léighte, léite
ól-	"drink"	ólta
scríobh-	"write"	scríte (irreg.)

The *t* is aspirated after *b, bh, c, g, m, p, r*:

scuab-	"sweep"	scuabtha
treabh-	"plough"	treabhtha, treafa
strac-	"tear"	stractha
leag-	"knock down"	leagtha
cum-	"compose"	cumtha
stop-	"stop"	stoptha
scar-	"separate"	scartha

It is pronounced as *h* also after *l*, but is written *t*.

An adjective follows the noun it qualifies: *gort mór* "a big field"; *scoil nua* "a new school"; *cloch bheag*[1] "a small stone". *sean(a)-* "old" precedes the noun and forms a compound: *seana-bhróg* "an old shoe", *seana-thigh* "old house", *an seana-dhream* "the old folk".[2]

VOCABULARY

Aifreann (afirăn) m. *Holy Mass*
anois (ă-nìsh) *now*
barr, barra (baar, boră) m. *top*
briste (brishdi) *broken*
caillte (kaylhi) *lost*
cheana (honă) *already*
cnoc (knök) m. *hill*
cóta mór (kōṯă mooăr) *overcoat*
déanta (deeanṯă) *made, built*
dúnta (ḏoonṯă) *shut*

Eibhlín (ay-leèn) *Eileen*
gúna (goonă) m. *dress*
léite (lēti) *read*
litir (letir) f. *letter*
Máire (maari) *Mary*
Maighréad (may-reèaḏ) *Margaret*
ólta (ōlhă) *drunk*
Pádraig (paaḏrig) *Patrick*
scoil (sgöl) f. *school*
scríte (shgreeti) *written*
trucail (ṯrukil) f. *cart*

Exercise 12

Translate:

1. Tá bróga nua ag Máire. 2. Tá gadhar óg ar an mbóthar. 3. Tá cóta mór ag Tadhg anois. 4. Tá an tAifreann léite ag an sagart. 5. Tá litir scríte ag Pádraig. 6. Tá an doras dúnta ag an bpáiste. 7. Tá an fhuinneog briste ag na garsúnaibh. 8. Tá maide beag ag an ngadhar. 9. Tá scoil nua ar bharra an chnoic. 10. Tá an t-airgead caillte ag Mícheál.

Exercise 13

1. Tom has read the letter. 2. Eileen has a new dress. 3. The young man has lost the books. 4. There is a cart at the door.

[1] See p. 15.
[2] *seanduine* "old man", with *sean* and unaspirated *d* is an exception.

5. The child has drunk the milk. 6. The man has money. 7. Tim has lost the overcoat. 8. The boys have broken the bottles. 9. The old school is closed, and a new school has been built on top of the hill. 10. Margaret has written the letter.

LESSON VI

The Verbal Noun. Past and Future of "to be"

The English present participle is expressed by the preposition *ag* (ig) "at" and a verbal noun: *tá sé ag teacht* "he is coming", *tá sé ag ól* "he is drinking". The verbal noun of regular verbs is usually formed by adding *-adh* (pron. ă) to the stem, and, if there is an object, it appears in the genitive case: *tá sé ag dúnadh an dorais* "he is shutting the door" (lit. "at shutting of the door"); *tá sé ag gearradh adhmaid* "he is cutting wood"; *táid ag baint fhéir* "they are mowing hay" (see p. 14).

Regular Verbal Nouns

briseadh (brishă)	breaking, to break
bualadh (booălă)	striking, to strike
casadh (kosă)	turning, to turn
dúnadh (doonă)	shutting, to shut
gearradh (gyară)	cutting, to cut
líonadh (leenă)	filling, to fill.
magadh (mogă)	mocking, to mock
stracadh (sdrokă)	tearing, to tear

Some Irregular Verbal Nouns
(see Lesson XX)

baint (bwint)	taking, to take; cutting, to cut
cailliúint (ko-loònt)	losing, to lose
cur	putting, to put
dul	going, to go
fanúint (fo-noònt)	waiting, to wait
féachaint (feeachint)	looking, to look
iarraidh (eeărig)	asking, to ask; trying, to try

ól	drinking, to drink
rá (raa)	saying, to say
rith (rih)	running, to run
scríobh (shgree, shgreev)	writing, to write
stad (sdod)	stopping, to stop
teacht (tacht)	coming, to come

The past of *tá*, like the present, has absolute and dependent forms. The future has only one set of forms:

		Past		Future
		Absolute	Dependent	
Sg.	1	do bhíos (vees)	rabhas (rous)	bead (bed)
	2	do bhís (veesh)	rabhais (roush)	beir (ber)
	3	do bhí sé	raibh sé	beidh sé
		(vee shē)	(rev shē)	(be shē)
Pl.	1	do bhíomair	rabhamair	beimíd
		(veemir)	(roumir)	(bemeed)

Pl. 2 do ⎰ bhíobhair (veeoor) / bhí sibh (vee shiv) ⎱
⎰ rabhabhair (rouoor) / raibh sibh (rev shiv) ⎱
beidh sibh (be shiv)

| | 3 | do bhíodar | rabhadar | ⎰ beid (bed) |
| | | (veedăr) | (roudăr) | ⎱ beid siad |

The verbal noun of *tá* is *bheith* "to be".

VOCABULARY

abhaile (ă-vàli) *home*	bearradh (bară) *clipping, shaving, to shave*
amach (ă-mòch) *out*	
amáireach (ă-maàrăch) *to-morrow*	buaint (booint) *reaping, to reap*
arís (ă-reèsh) *again*	caint (kaynt) f. *talk;* ag caint *talking*
ar maidin (er-màdin) *this morning*	
a thuilleadh (ă-hìli) *any more*	coirce (körki) m. *oats*
	eile (eli) *other*

féachaim (feeachim) ar *I look at, watch*
fós (fōs) *yet, still*
garda (gaardă) m. *civic guard*
leis (lesh) *also*; *with him*; ag caint leis *talking to him*
obair (öbir) f. *work;* ag obair *working*
piocadh (pyukă) *picking, to pick*; pioctha (pyukihi) *picked*

práta (praată) m. *potato*
rá (raa) *saying, to say*
sásta (saasdă) *satisfied*
scuabaim (sgooăbim) *I sweep*
tarrac (torăk) *drawing, to draw*
teacht (tacht) *coming*
tuirseach (tir-shòch) *tired*

Exercise 14

1. Táimíd ag ól uisce. 2. Bhíomair ag caint leis an ngarda. 3. An raibh Seán anso ar maidin? 4. Do bhí; agus bhí sé ag féachaint ar an gcapall óg. 5. An rabhais ag caint leis? Bhíos. 6. Beidh sé ag teacht arís amáireach. 7. Tá na fir ag briseadh chloch ar an mbóthar. 8. Cá bhfuil na garsúin eile? 9. An bhfuilid ag piocadh na bprátaí? 10. Táid tuir-seach anois, agus níl na prátaí go léir pioctha fós. 11. Beid siad ag dul abhaile amáireach, agus ní bheid ag teacht a thuilleadh.

Exercise 15

1. They were cleaning the windows. 2. We were working on the roads. 3. Will you be coming again tomorrow? 4. Are you going home now? 5. The priest is saying Mass now. 6. Margaret and Eileen are watching the men reaping the oats. 7. Will they be clipping the horses? 8. No; it is cold still. 9. Were they breaking the stones? 10. No; they were bringing (drawing) in the hay. 11. She is sweeping the floor. 12. We are tired, but we are not satisfied yet.

LESSON VII

Particles containing *ro*. Personal Pronouns Possessives and Pronominals

We have seen (p. 33) that *níor* and *ar* are the negative and interrogative particles with a past tense. These forms contain an old particle *ro* which was used with the past tense of verbs in the earlier language, and has been ousted by *do*. With the negative interrogative particle *ná* (see p. 26) it makes *nár*, and with the conjunctions *go* "that" and *ná* "that not" it makes *gur* and *nár* respectively. Thus *do bhuail sé* "he struck"; *níor bhuail sé* "he did not strike"; *ar bhuail sé?* "did he strike?"; *nár bhuail sé?* "did he not strike?"; *gur bhuail sé* "that he struck"; *nár bhuail sé* "that he did not strike". Note that these particles containing *ro* aspirate the initial of the verb.

VOCABULARY

baile mór *town*
bainim (bwinim) *I cut (hay)*
bó f. *cow*
caithim (kohim) *I spend*
creidim (kreḋim) *I believe*
crúim (krooim) *I milk*
díolaim (deelim) *I sell*

fanaim (fonim) *I stay, remain*
mias (meeăs) f. *dish*
ólaim (ōlim) *I drink*
poll (poul) m. *hole*
scéal (shgeeal) m. *story*

Exercise 16

Put the following into the negative, the interrogative and the negative interrogative.
1. Do chaitheas. 2. D'fhanamair. 3. D'ólais. 4. Do dhíoladar. 5. D'fhéach sé. 6. Do bhaineadar. 7. D'iarr sibh. 8. Do thuigis.

47

Exercise 17

Translate into Irish.

1. The children did not believe the story. 2. Did they understand the story? No. 3. Did she not wash the dishes? Yes. 4. I did not write the letter. 5. Did you drink the milk? 6. You did not milk the cow. 7. Did they not sell the horses? 8. Did we shut the windows? 9. They did not spend the money. 10. Did he stay in the town? 11. Did they not look at the paper? 12. Did the child fall into the water? 13. We did not cut the hay yet.

Personal Pronouns

The personal pronouns are:

	Singular	Plural
1	mé	sinn
2	tú	sibh
3	sé, sí	siad

There are also emphatic forms:

	Singular	Plural
1	mise	sinne
2	tusa	sibh-se
3	seisean, sise	siad-san

For the 2 sg. and 3 sg. and pl. there are special forms *thú*,[1] *é* (m.) *í* (f.), *iad* which are used as object of a transitive verb. Thus *buailim é* "I strike him"; *buaileann sé mé* "he strikes me"; *buailimíd iad* "we strike them"; *buaileann tú sinn* "you (sg.) strike us"; *buailid sibh* "they strike you". Note that a pronoun as object tends to stand at the end of the sentence: *do chailleadar inné sa bhaile mhór é* "they lost it yesterday in town".

[1] Colloquially short forms *tu, thu* occur, the aspirated form commonly after a vowel: *do chonac tu* "I saw you"; *do chonaic sé thu* "he saw you".

The possessive adjective is declined as follows:

Singular	Plural
1 mo (asp.)	ár (ecl.)
2 do (asp.)	bhur (ecl.)
3 a m. (asp.);	a (ecl.)
a f.	

mo and *do* drop the *o* before a vowel, and the *d* of *do* is changed to *t*: *m'athair* "my father, *t'athair* "your father".

Prepositions ending in vowels, except *do* "to" and *de* "from", prefix *n* to possessive *a*: *ina* "in his, her, their"; *lena* "with his, her, their", *óna* "from his, her, their", with aspiration, no change, or eclipsis according as *a* is masc., fem., or plural. *Do* and *de* with possessive *a* make *dá*. The noun following a possessive may take an emphatic particle which varies for person and number:

Singular	Plural
1 -sa, -se	-na, -ne
2 -sa, -se	-sa, -se
3 m. -san, -sean	-san, -sean.
f. -sa, -se	

mo mhac-sa "my son"; *do thigh-se* "your house"; *a hiníon-sa* "her daughter"; *a bpáirc-sean* "their field". These particles may also be added to verbs: *brisim-se* "I break"; *téimíd-ne* "we go".

"This" and "that" are expressed by the enclitics *so, seo* and *san, sin* respectively, added to a definite noun: *an maide seo* "this stick"; *an bhróg san* "that shoe". "That" (more remote) may also be *úd*[1]: *an cnoc úd thall* "that hill yonder".

The word *féin* means "self": *mé féin* "myself"; *sinn féin* "ourselves". It may follow a noun preceded by a possessive adjective: *ár dtalamh féin* "our own land"; or a verb: *beimíd féin ann* "we shall be there ourselves"; or it may qualify a noun (or an adverb) in the sense "even": *tá an*[2]

[1] After a pronoun the form is *siúd*.

[2] The article is used in Irish, as in French, where it is not used in English, cf. *la viande est chère* "meat is expensive".

mhóin féin gann i mbliana "even turf is scarce this year"; *do bhíos ag caint leis inniu féin* "I was talking to him even today"; *mar sin féin* "even so".

Cuid "share" is used with a possessive when the thing possessed is a quantity of something: *a chuid airgid* "his money", *mo chuid coirce* "my oats", *a gcuid oibre* "their work".

VOCABULARY

ag gearán (ig gi-ràan) *complaining*
béile (bēli) f. *a meal*
Baile Átha Cliath (blaa-kleeă) *Dublin*
buainim (booănim) *I reap*
cailín (ka-leèn) m. *girl*
caithfead (kohăd) *I must*
cuid (kid) f. *share*; ár gcuid coirce *our oats*
dícheall (deehăl) m. *one's best effort*
fadó (fo-dō) *long ago*

gadhar (gayăr) m. *dog*
hata (hotă) m. *hat*
imeacht (i-màcht) *going away*
ithim (ihim) *I eat*
lámh (laav) f. *hand*
mac (mok) m. *son*
ó chianaibh (cheeăniv) *a while ago*
pioc (pyuk) *nothing* (with neg.)
sa bhaile (să-vàli) *at home*
stól (sdōl) m. *stool*

Exercise 18

(i) 1. Brisimíd iad. 2. Do cheil sé é. 3. Ligeann sé isteach sinn. 4. Ar chuir sé amach sibh? 5. Do chailleamair iad. 6. Ar bhuail sé thú? 7. Níor chreideamair í. 8. D'fhág sí ann mé.

(ii) 1. Tá mo leabhar-sa caillte, ach tá do leabhar-sa thall ar an stól. 2. Bead-sa ag imeacht amáireach. 3. An mbeir féin ag dul go Baile Átha Cliath? Ní bhead. 4. Tá mo mhac breoite agus caithfead fanúint sa bhaile. 5. Dheineas-sa mo dhícheall ach níor dheineadar-san pioc. 6. Tá do lámha salach agus tá mo lámha-sa salach leis. 7. Do bhí na cailíní tuirseach agus bhí na garsúin féin ag gearán. 8. Nár chuir sé amach na gadhair fós? 9. Níor chuir, ach cuirfead-sa[1]

[1] See Lesson IX.

amach anois iad. 10. D'itheamair-ne ár mbéile ó chianaibh,
agus beidh bhur gcuid-se fuar. 11. Tá m'athair i gCorcaigh
ach tá t'athair-se sa bhaile.

Exercise 19

(i) My hat; your stick; his shoes; her box; our books; your
(pl.) father; their children. I believe you. Did you believe
her? He put them out and he let me in. Did they leave you
(pl.) there? We lost it (m.). He believes us.

(ii) 1. My house is here, and his house is over there (*thall*) on
the hill. 2. He did his best, but you did nothing. 3. Her shoes
are new and my shoes are worn out. 4. Our books are lost;
where are your books? 5. We will be going away tomorrow,
but you will be staying here. 6. They had (use *ithim*) their
dinner a while ago. 7. Have you had yours (use *cuid*) yet? 8. I
shall be going to Cork and she will be staying in Dublin.
9. We reaped our oats yesterday. 10. Did you (pl.) reap yours
(say "your own share") yet? 11. She believed the story, but I
did not believe a bit (say "nothing") of it.

LESSON VIII

The Copula

In the simple sentences of Lesson I you have learned the verb *tá* which means "is" in such phrases as "the hat is on the table" or "the day is cold, the bag is empty," etc. But in sentences of definition or identity, you must use a different verb, namely *is* (rhymes with Eng. "hiss"), which is called the copula, because it merely joins two notions.[1] The forms are easy, as this verb has no persons or number and only two tenses, present *is* and past (and conditional) *ba*[2]; but the syntax of these sentences is troublesome and requires careful study and practice. Definition is to say what a person or thing is: "it is a book, a horse, a hill", etc. A sentence of identity says who or which he, she or it is: "it is my book, his horse"; "he is John Smith". And these two types have slightly different constructions. You have seen that *é, í, iad* are the forms of the pronoun as object of a transitive verb. They are also the forms used as subject of the copula.

(a) The sentence of definition is then *is leabhar é* "it is a book", *is cloch í* "it is a stone", *is fir iad* "they are men" (verb-predicate-subject); or, with the demonstratives *so, seo* "this" and *san, sin* "that":[3] *is leabhar é seo* "this is a book", *is cloch í sin* "that is a stone", *is fir iad san* "those are men".

(b) In the sentence of identity the pronoun occurs twice, before and after the noun, unless the subject is the demonstrative. Suppose you want to say simply "it is the *book*" (not the paper or the pen), you must say *is é an leabhar é*;

---

[1] For those who know Spanish, the distinction between *ser* and *estar* will be helpful.

[2] See p. 16.

[3] *So* and *san* after a broad consonant or vowel, *seo* and *sin* after a slender. These are here fully stressed, not enclitic as on p. 49.

"they are the boys" *is iad na garsúin iad*; "it is John" *is é Seán é*. But the demonstrative is not repeated after a definite noun: *is é sin an leabhar* "that is the book", *is iad so na garsúin* "these are the boys", *is é sin Seán* "that is John".

If both the subject and predicate are definite nouns, e.g. "Tom is the old man", "John is my son", "the big book is the prize", then the order is: *is é Tomás an sean-duine*; *is é Seán mo mhac*; *is é an leabhar mór an duais*. The notion to be emphasised precedes, but a definite noun may not follow the copula directly.

(c) The first type, however, has a common alternative form with the old neuter pronoun *ea: fear is ea é* "it is a man"; *bó mhaith dob ea í sin* "that was a good cow".[1] The past in this position is *dob* (the particle *do* and *b'*). And the type *is é sin an fear* has an alternative form *sin é an fear*, which is that commonly used.

These four types should be memorised:

> *is fear é* or *fear is ea é* "it is a man"
> *is é an fear é* "it is the man"
> *is é sin an fear* or *sin é an fear* "that is the man"
> *is é Seán mo mhac* "John is my son"

(d) In such a sentence as "good advice is a great help", the normal construction is permissible: *is cúnamh mór comhairle mhaith*; but when there is emphasis on the predicate, the common usage is to make the adjective predicative and the noun *definite*, so that the logical subject appears in apposition: *is mór an cúnamh comhairle mhaith*. Thus the common form is: *is maith an rud é* "it is a good thing", rather than *rud maith is ea é*. This form gives greater emphasis than (c).

---

[1] This form does not occur in Northern Irish, but *tá* with the preposition *i n-* may be used instead: (*is*) *buachaill maith atá ann* "he is a good boy", (*is*) *bó mhaith do bhí inti* "she was a good cow". This latter idiom appears in Southern Irish only in the negative form: *níl ann ach cleasaí* "he is only a trickster", *níl ann ach leath-scéal* "it is only an excuse" (see p. 83).

Learn the following three sentences by heart:

> *is breá an lá é* "it is a fine day"
> *is mór an trua é* "it is a great pity"
> *is láidir na fir iad* "they are strong men".

For emphasis a noun-subject may here be preceded by a pronoun: *is maith an múinteoir é Séamas* "James is a good teacher".

These constructions do not occur in the future tense or in the imperfect; but they do occur in the past and conditional: *ba bhreá an lá é* "it was a fine day", *ba mhaith an rud é* "it would be a good thing". In order to illustrate the contrast between *is* and *tá*, examples of both will be given in the exercises.

The negative of *is* is *ní*, which prefixes *h* to vowels; the interrogative is *an*; the negative interrogative is *nach*; dependent *gur*; dependent negative *nach*. The copula itself disappears after the particles.

The negative of *ba* is *níor* (*níorbh* before vowels and aspirated *f*); the interrogative is *ar;* the negative interrogative is *nár* (*nárbh* before vowels); dependent *gur* (*gurbh* before vowels); dependent negative *nár* (*nárbh* before vowels).

ní fear é
  it is not a man
an fear é
  is it a man?
nach fear é
  is it not a man?
gur fear é
  that it is a man
nach fear é
  that it is not a man

níorbh fhear é
  it was not (would not be) a man
arbh fhear é
  was it a man?
nárbh fhear é
  was it not a man?
gurbh fhear é
  that it was a man
nárbh fhear é
  that it was not a man

And for identity (i.e. with a definite noun): *ní hé an fear é, an é an fear é? níorbh é an fear é*, etc.

Finally, in answering a question, the forms for "yes" and "no" are *is ea* and *ní hea* for definition, and *is é (í)* and *ní he*

(*hí*) for identity: *an fear é sin? is ea* ('*sea*) Is that a man? Yes.
an é sin t'athair? is é ('*sé*) Is that your father? Yes.

VOCABULARY

ais (ash): lena ais *beside him*

am (aum) m. *time*

amuigh (ă-mù) *outside*

aon *one, any*

ard (aar̯d) *tall, high*

captaen (kop-t̯än) m. *captain*

cé acu (kyukă)? *which?*

cluiche (klihi) m. *game*

chomh (chō) *as;* chomh láidir
le *as strong as*

comhairle (kôrli) f. *advice*

cruithneacht (krin-hàcht̯) f.
wheat

dochtúir (d̯ŏch-d̯oòr) m. *doctor*

éachtach (eeachd̯ăch) *very
good, wonderful*

eorna (ōrnă) f. *barley*

folláin (fă-laàn) *healthy*

Gaeilge (gäling) f. *the Irish
language*

Gearmánach (gyară-maàn-
ăch) *German*

go (gu) conj. *that*, ecl. (takes
dependent form of ir-
regular verbs)

go luath (looăh) *soon, early*

iascaire (eeăsgiri) m. *fisher-
man*

long (loong) f. *ship*

Meiriceánach (meri-kaànăch)
American

móin (mōn) f. *turf*

múinteoir (moon-tōr) m.
teacher

1. ná *that not* (takes depend-
ent form of irregular verbs)

2. ná *nor*

nó (noo) *or*

obair (öbir) f. *work;* g. oibre

portach (păr-t̯òch) m. *bog*

saibhir (sevir) *rich*

scoláire (sgă-laàri) m. *scholar,
school-boy*

Séamas (sheeamăs) *James*

seol (shōl) m. *sail;* bád seoil
sail-boat

Síle (sheeli) *Sheila*

siúd (shood̯) *yonder*

slán *safe*

teannta (tyount̯ă): ina tean-
nta *with her*

tigh (tig) m. *house;* tigh ósta
hotel

trua (t̯rooă) f. *pity*

Exercise 20

1. Is leabhar é sin. 2. Is speal í seo. 3. Is bád í siúd. 4. An í
sin do, chasóg? 5. Ní hí, is í casóg Sheáin í. 6. An é[1] seo do

---

[1] The pronoun here is in fact neuter, as it does not agree in gender
with *cuid* (f.).

chuid airgid-se? Is é. 7. Leabhar Gaeilge is ea é seo. 8. Is mise
an múinteoir agus is sibh-se na scoláirí. 9. An iad san na
Meiriceánaigh? Ní hiad. 10. Is iad na Sasanaigh iad. 11. Sin
é an captaen. 12. An é an fear mór ard an captaen? 13. Ní
hé, ach an fear beag lena ais. 14. Is í seo mo mháthair ag
teacht isteach anois, agus sin í Máire ina teannta. 15. Tá
Seán láidir ach níl sé chomh láidir le Séamas. 16. An é
Séamas an dochtúir? 17. Is é, agus dochtúir maith is ea é.
18. Cá bhfuil Seán? 19. Tá sé amuigh sa ghairdín ag obair.
20. Is éachtach an fear é chun oibre. 21. Do bhí sé breoite,
ach tá sé slán folláin[1] anois. 22. Cé acu eorna nó coirce é
sin? 23. Cruithneacht is ea í sin agus coirce is ea é seo, ach
níl aon eorna sa ghort. 24. Ba mhór an trua ná rabhamair
ann i n-am.

Exercise 21

1. It is a very big house. 2. That is a table and this is a chair.
3. Is that a boat or a ship?[2] 4. It is a sail-boat.[3] 5. Those are
my shoes. 6. He is a teacher. 7. Is this your turf? 8. No,
mine (say "my share") is still in the bog. 9. Is that wheat or
barley?[2] 10. It is neither wheat nor barley but oats. 11. This
is a clean knife. 12. Are those Englishmen? 13. Yes, they are
the fishermen who are (atá) in the hotel. 14. These are the
Germans. 15. The tall men[4] are the Americans. 16. The Ger-
mans are wonderful men for work. 17. Where is Sheila?
18. She is (within) in the house washing the dishes. 19. She
will soon be ready. 20. James is a big boy, but he is not as
tall as Sheila. 21. It is a great pity that she is so tall. 22.
John is a teacher and James is the doctor. 23. Is John a
good teacher? Yes. 24. Is not that tall man yonder the cap-
tain of the boat? 25. No, the captain is the dark little man
beside him. 26. Is this a good game? No.

---

[1] Note that *agus* is not used between two adjectives.
[2] *Cé acu* "which (of them)" usually takes the place of *an* in these
questions.
[3] *bád* though m. takes a fem. pronoun.
[4] See p. 58.

LESSON IX

Future, Imperfect, and Conditional Tenses.
The Adjective. Sitting, standing, etc.

The Irish future tense translates the "shall" and "will" forms of English verbs, and the imperfect is a habitual: *dúnfad* "I shall shut", *do dhúnainn* "I used to shut". If you want to say in Irish "I was shutting", you have to use the verb "to be", just as in English: *do bhíos ag dúnadh*.

These paradigms should be learned:

dúnaim "I shut"

	Future	Imperfect	Conditional
Sg. 1	dúnfad	do dhúnainn	do dhúnfainn
2	dúnfair	do dhúnthá	do dhúnfá
3	dúnfaidh sé	do dhúnadh sé	do dhúnfadh sé
Pl. 1	dúnfaimíd	do dhúnaimís	do dhúnfaimís
2	dúnfaidh sibh	do dhúnadh sibh	do dhúnfadh sibh
3	dúnfaid (siad)	do dhúnaidís	do dhúnfaidís

buailim "I strike"

	Future	Imperfect	Conditional
Sg. 1	buailfead	do bhuailinn	do bhuailfinn
2	buailfir	do bhuailtheá	do bhuailfeá
3	buailfidh sé	do bhuaileadh sé	do bhuailfeadh sé
Pl. 1	buailfimíd	do bhuailimís	do bhuailfimís
2	buailfidh sibh	do bhuaileadh sibh	do bhuailfeadh sibh
3	buailfid (siad)	do bhuailidís	do bhuailfidís

The *f* of the future stem is pronounced *h* except in the 2 sg. conditional and in the passive-impersonal forms (p. 109): doonhắd, doonhir, doonhi shē, etc.; but ghoonfaa, doonfắr, doonfee.

The verb *tá* has, beside the imperfect, a special habitual present:[1]

	Habitual Present	Imperfect	Conditional
Sg. 1	bím I am (habitually)[2]	do bhínn I used to be	do bheinn
2	bír, bíonn tú	do bhítheá	do bheifeá
3	bíonn sé	do bhíodh sé	do bheadh sé
Pl. 1	bímíd	do bhímís	do bheimís
2	bíonn sibh	do bhíodh sibh	do bheadh sibh
3	{ bíd (siad) / bíonn siad }	do bhídís	do bheidís

The attributive adjective follows the noun it qualifies and agrees with it in number, gender and case: *an fear mór* "the tall man", *an chloch mhór* "the big stone". Adjectives ending in a broad consonant are declined like the nouns in Lesson I, except that the nom. pl. masc. is the same as the fem., and the dat. pl. is the same as the nom.: *an fhir mhóir* "of the tall man", *na fir mhóra* "the tall men", *na bhfear mór* "of the tall men", *dosna fearaibh móra* "to the tall men"; *na cloiche móire* "of the big stone", *ar an gcloich mhóir* "on the big stone", *na clocha móra* "the big stones". Remember that when the adjective is predicative it does not agree with the noun (p. 27), and note that nearly all adjectives that end in vowels are indeclinable, that is, they have the same form for all cases sg. and pl.

The adjective is made into an adverb by putting *go* before it: *go maith* "well", *go mór* "greatly", *go holc* "badly". The following common adjectives always take *go* after the verb *tá: aoibhinn, álainn, breá, deas, dona, iontach, maith, olc. Go* is never used with an adjective after the copula: *do dheinis go maith é* or *is maith a dheinis é!* "you did it well!" *is beag a cheapas*, "little I thought", *nach luath a tháinig sé!* "isn't it early he came!"

[1] The future of "to be" was given in Lesson VI.
[2] Anglo-Irish "I do be"

These last examples illustrate an important use of the copula, namely emphasis. In Irish, if you want to say "he came *yesterday*" (not to-day), the word for yesterday is brought to the head of the sentence by means of the copula, and is followed by the relative particle *a* which causes aspiration: *is inné a tháinig sé;* just as you can say in English "it was yesterday that he came". But this order is normal in Irish where in English a mere stress would suffice. So also *is é a tháinig inné* "it is he who came yesterday". And similarly for any notion to be emphasised: *is i mBaile Átha Cliath atá sé anois* "he is in *Dublin* now"; *ní thíos atá sé ach thuas ar an gcnoc* "it is not below, but up on the hill", where both *is* and *tá* appear together. Note that the relative form of *tá* is *atá* without aspiration of the *t*.

We have seen (p. 44f.) that the verbal noun and some other nouns of action, preceded by the preposition *ag*, serve to translate an English present participle: *tá sé ag briseadh chloch* "he is breaking stones", *tá sé ag déanamh tí* "he is building a house", *tá sé ag obair* "he is working", *tá sé ag caint* "he is talking". The verbal nouns for standing, sitting, lying, sleeping, waking, and dwelling and the word *tost* "being silent" (which is not a verbal noun) require a special construction. The preposition *i* with a possessive adjective is used: *tá sé ina sheasamh* "he is standing"; *táimid inár suí* "we are sitting", "we are up (out of bed)"; *táid ina luí ar an urlár* "they are lying on the floor"; *tá Seán ina chodladh* "John is asleep"; *táimid inár gcónaí i gCorcaigh* "we live in Cork"; *bhíobhair in bhur ndúiseacht* "you were awake"; *bhí sé ina thost* "he was silent".

Cé? who? *an té* he who, *cathain?* when? *conas?* how? and *nuair* when (rel.) are followed by the relative particle *a*. After *cé* and *an té* the particle is usually omitted in writing, but the aspiration remains. The particle *do* is not used after relative *a* unless the verb begins with a vowel: *cathain a bhís ann?* "when were you there?" *cathain a ithis* (or *a dh'ithis*) *do dhinnéar?* "when did you have dinner?"; *cé bheidh ag teacht?* "who will be coming?"

VOCABULARY

aibidh (abig) *ripe*

aimsir (aymshir) f. *weather*

álainn (aaling) *beautiful*

anocht (ă-nŏcht) *to-night*

báisteach (baashdăch) f. *rain*

beithígh (be-heèg) pl. *cattle*

bó f. *cow;* pl. ba (bo)

breá (braa) *fine*

buicéad (bă-kēd) m. *pail*

cáithim (kaahim) *I winnow*

cathain? (kă-hìn) *when?*

cónaí (kô-neè) *living, dwelling*

deas (das) *pretty, nice*

do chonac (chnuk) *I saw*

do thánag (haanăg) *I came*

deartháir (dri-haàr) m. *brother*

dul *going, to go*

eochair (öchir) f. *key*

fadó (fo-dō) *long ago*

gach *each, every*

gairdín (gaar-deèn) m. *garden*

gráinne (graangi) m. *grain*

isteach (ish-dàch) *in* (adv.)

istoíche (is-deèhi) *at night*

láidir (laadir) *strong*

luí (lee) *lying*

nuair (nooir) *when*

olc (ölk) *bad*

scaoilim (sgeelim) *I let loose*

seasamh (shasăv) *standing*

séideadh (shēdă) *blowing, to blow*

slacht (slocht) m. (indecl.) *order, tidiness*

sráidbhaile (sraadvali) m. *village*

suí (see) *sitting*

súiste (sooshdi) m. *flail*

tairicthe (tariki) *drawn*

tapaidh (topig) *quick*

teacht (tacht) *coming, to come*

tirim (trim) *dry*

Tráigh Lí (traa-leè) *Tralee*

tráthnóna (traan-hōnă) m. *evening;* um thráthnóna *in the evening*

trom (troum) *heavy*

taobh (tăv) m. *side*

Exercise 22

A. Do rithimís. Ólfad. Scríobhfaid siad. D'fhanadh sé. Díolfaimíd. D'fhéachadh sibh. Cuirfead amach iad. D'fhágaidís na páistí sa bhaile.

B. 1. Bhí an fear mór ag caint le garsún beag. 2. Cathain a chuirfid siad amach na capaill óga? 3. Tá na leabhair mhóra san ana-throm. 4. Fanfaimíd i gCorcaigh anocht. 5. Do bhíodh Seán ina chónaí i mBaile Átha Cliath, ach ní hann atá sé anois. 6. Díolfad an bhó dhubh amáireach. 7. Tá na clocha troma ar thaobh an bhóthair. 8. Bhí Mícheál ina shuí ar an stól nuair a thánag isteach. 9. Bhí sé ina thost agus do bhíos-sa ag caint. 10. Tá sé ina sheasamh ag an ndoras anois. 11. D'fhágadh sé bainne na bó deirge sa bhuicéad bhán. 12. Do bhídís ann gach maidin agus do ghlanaidís an tigh. 13. Scaoilfimíd amach na ba um thráthnóna. 14. Buainfid siad an coirce nuair a bheidh sé aibidh. 15. Nuair a bheidh sé tairicthe isteach, buailfid siad é le súistíbh. 16. Cáithfid siad ansan é, agus cuirfid siad an gráinne isteach i málaíbh. 17. Féachann an gairdín go hálainn. 18. Bíonn sé go deas sa tSamhradh. 19. Ní deas a bhí sé nuair a thánag anso, ach ní rabhamair i bhfad ag cur slacht air.

Exercise 23

A. 1. I shall run. 2. They will drink. 3. You used to write. 4. They will stay. 5. They used to sell. 6. He will look. 7. We shall strike them. 8. They will put him out. 9. We used to read those books. 10. They will leave the money in the box.

B. 1. My father will sell the big house. 2. He is not living there now. 3. The men used to thresh the oats with flails and put the grain into sacks. 4. The little girl was standing in the field when I saw her. 5. I came in when you were going out. 6. The little boys will let out the dogs. 7. Were you awake when they were coming in? 8. Mary will sell the butter in the village. 9. She used to send it to Tralee long ago. 10. When will Michael weed (say "clean") the garden? 11. My brother was asleep when I came in. 12. I shall leave the key under the big stone. 13. We were standing at the window and they were sitting on the floor. 14. I was talking, but she remained silent. 15. He used to speak quickly but he used to speak well. 16. The poor cattle used to be always out in (say "under") the rain at night. 17. Yesterday (an lá inné) was fine. 18. The wind was blowing strongly, but the weather was not bad.

LESSON X

Tá sé ina fhear. Is and *Tá* with adjectives.
Numerals from "one" to "ten".

The same construction as that with the verbal nouns for "standing", "sitting", etc. is used with common nouns as predicate of the verb *tá: tá sé ina fhear shaibhir* "he is a rich man"; *tá sí ina bó mhaith* "she is a good cow". Here *is fear saibhir é, fear saibhir is ea é; is bó mhaith í, bó mhaith is ea í* are also correct. In sentences of mere definition only the copula *is* may be used: *is fíon é* (or *fíon is ea é*) "it is wine (not water)"; *ní sionnach é sin ach gadhar* "that is not a fox but a dog". But in sentences of description either form is permissible, and both are equally common.

Where a future of the copula might be expected, the construction with *ina* is always used: *beidh sé ina shagart fé Cháisc* "he will be a priest by Easter". And this construction is also used in the present and past tenses, when the definition depends upon the time:[1] *tá sé ina dhochtúir (anois)* "he is a doctor (now)"; *bhí sé ina innealtóir* "he was an engineer". Thus it is quite correct to say: *bhí sé ina dhochtúir agus ba dhochtúir maith é* (or *dochtúir maith dob ea é*), where the second proposition is also descriptive. And likewise, "it was a big house" would be *tigh mór dob ea é;* but *bhí sé ina thigh mhór* is also permissible.

Is and *tá* with adjectives.

The verb *tá* is used only to describe a temporary or accidental condition or a position. It may therefore be followed by a preposition, or by adjectives meaning "hot, cold, full,

[1] *Féidir* "possible" always takes the copula: *is féidir duit dul ann amáireach* "you can (shall be able to) go there tomorrow". *B'fhéidir* means "perhaps" and is followed by the conjunction *go*.

empty, hard, soft, ready, broken, closed, tired, sick, sore, sad, alive, dead" and so on.[1] The copula *is* is used when the predicate is a noun, or an adjective expressing inherent quality, measure or colour: "he is a man", "the house is big", "the stone is heavy", "the paper is white". And these adjectives are further divided into adjectives of quality and adjectives of measure or colour. The former may be used with *tá* as adverbs (p. 58), but the latter may not. You may say *tá an lá go breá* or *is breá an lá é* "it is a fine day", *"tá an cailín go deas"* or *is deas an cailín í* "she is a pretty girl", and so for other adjectives of quality. But *mór* "big", *beag* "small", *fada* "long", *gearr* "short", *trom* "heavy", etc. and the names of colours, are better construed with the copula: *is mór an tigh é, is tigh mór é, tigh mór is ea é; is trom an chloch í, is cloch throm í; cloch throm is ea í,* and so on. The form *tá an chloch trom, tá an tigh mór, tá an páipéar bán* would be exceptional.[2] (*Is*) *páipéar bán é seo* "this is white paper" is the normal form.[3]

However, when either of the prefixes *ana-* or *ró-* precedes the adjective, or a qualifying adverb follows, the classification of adjectives is dissolved and all may occur with *tá: tá sé sin ana-mhaith* "that is very good"; *tá an claí ró-ard* "the fence is too high" ; *níl sé fada a dhóthain* "it is not long enough".

THE NUMERALS FROM ONE TO TEN.

a haon	one	a sé	six
a dó	two	a seacht	seven
a trí	three	a hocht	eight
a ceathair	four	a naoi	nine
a cúig	five	a deich	ten

The numerals without a following noun are as above,

---

[1] Adjectives used with *tá* include all those ending in *-ach*, and all past participles.
[2] *tá an páipéar bán* might be said of a page still blank.
[3] As Professor Tomás Ó Máille has pointed out, there is a close analogy with the Spanish verbs *ser* and *estar, Ériu* vi 57.

always preceded by unstressed *a* which prefixes *h* to *aon* and *ocht*. With a noun *a* is dropped, *dó* is changed to *dá* and *ceathair* to *cheithre*. *Aon* and *dá* always aspirate a following initial consonant (but see the special rules pp. 16-17), and *dá* is usually itself aspirated (*dhá*) if the article does not precede (*an dá*); *trí, cheithre, cúig, sé* may be followed by a noun in the singular, which is then aspirated[1], but if the plural is used there is no aspiration; *seacht, ocht, naoi, deich* cause eclipsis. Note that *dhá* is followed by the dual (Lesson XII). *Aon* meaning "one" requires *amháin* "only" after the noun: *aon fhear amháin* "one man". Without this supporting *amháin, aon* means "any": *an bhfuil aon airgead agat* "have you any money?" *Ní fhaca aon ní iontach* "I did not see anything strange, I saw nothing strange".

VOCABULARY

abhar (ouǎr) m. *material, the makings of;* abhar tine *fuel*

ar an dtuaith (erǎ ḏuǎ) *in the country*

ar maidin (er-mǎdin) *this morning, in the morning*

ar scoil (er-sgöl) *at school*

atúrnae (o-ṯoòrnä) m. *solicitor*

bliain (bleeǎn) f. *year;* míle sa bhliain *a thousand a year;* deich mbliana *ten years*

brothallach (bröhǎlǎch) *warm*

cat (koṯ) m. *cat*

cathair (kahir) f. *city*

claí (klee) m. *fence*

contae na Midhe (koonṯǎ nǎ mee) *county Meath*

Daingean, An (ḏangǎn) m. *Dingle*

dócha *probable;* is dócha go bhfuil *there probably is*

fé cheann *at the end of;* fé cheann bliana *in a year's time*

giúistís (gyoosh-deèsh) m. *district justice*

i gcónaí *always*

liathróid (leeǎr-hōd) f. *ball*

máistir (maashdir) m. *master*

mar conj. *for*

míle (meeli) m. pl. mílte *thousand*

pingin (pingin) f. *penny*

punt (poonṯ) m. *pound*

scilling (shgiling) f. *shilling*

tráigh (ṯraag) f. *beach*

---

[1] This is by analogy with *dhá* which always aspirates and appears to be followed by a singular, as the dual has a separate form only in some classes of feminine nouns, see p. 73.

Exercise 24

A. Aon chapall amháin. Dhá shúil. Trí bliana. Cheithre puint. Cúig leabhair. Sé tithe. Seacht mba. Ocht gcapaill. Naoi mbáid. Deich ngadhair. Seacht scillinge agus deich bpingine.

B. 1. Do bhí sé bocht, ach tá sé ina fhear shaibhir anois. 2. Is dócha go bhfuil na mílte punt aige. 3. Beidh sé ina dhoch-túir fé cheann bliana. 4. Bhí sí ina cailín mhaith inniu, ach ní bhíonn sí mar sin i gcónaí. 5. Bhíomair inár suí ar an gclaí nuair a thit an crann. 6. Crann mór ard dob ea é. 7. Beidh sé ina abhar tine againn. 8. Is maith an t-abhar tine é an t-adhmad. 9. Nuair a bhíomair inár bpáistí,[1] do bhíomair inár gcónaí ar an dtuaith. 10. Tá Séamas ina atúrnae, agus tá Tomás ina dhochtúir. 11. Dochtúir ana-mhaith is ea é.

Exercise 25

A. One cat and two dogs. Three sticks and four balls. Five pounds, six shillings and sevenpence. Eight dogs, nine horses and ten cows.

B.1. Tom was ten years a solicitor, but he is a justice now. 2. He is a rich man. 3. He probably has two thousand pounds a year. 4. His son will be a farmer, for they have land in County Meath. 5. When they were boys, they lived in the country. 6. Michael was at school in Dingle when he was a little boy. 7. When I was a child, I lived in the city. 8. We used to go to the beach every Sunday. 9. The master is a good teacher. 10. The boys will be good scholars. 11. Yesterday was a very wet day. 12. It was cold this morning, but it is fine and warm now.

[1] Here and in future exercises the nominative pl. may be used for the dative, as is now common in the spoken language.

LESSON XI

Declension of Nouns. The Second Conjugation.

You have learned the declension of the two largest classes
of nouns, the first and second declensions, and we have had
some nouns ending in vowels (with pl. in -*í*) of the fourth
declension. The student should now learn by heart the third,
fourth and fifth declensions. There is not very much to be
learned, only one form (in -*a*) and the various weak plurals
for the third, and only the two plural endings for the fourth;
the fifth declension may be regarded as a collection of
irregular nouns, but it has a common pattern. The "weak"
plurals are the only trouble, and they will come with
practice. In the spoken language there is some fluctuation,
so that even if you use -*acha* where -*anna* is normal, it is not
disastrous. These declensions are given on pages 193-196,
with lists of nouns.

The second conjugation of verbs differs from the first only
in the future stem, which ends in (*e*)*ó*- instead of the -*f(e)a*-
of the first. Two classes of verbs have this future in -*ó*-:
(a) verbs in -*im*, and (b) syncopated verbs (with stems of
more than one syllable, ending in -*il*, -*in*, -*ir*).[1] The first
class changes the -*i*- of the stem (formerly written -*ighi*-)
to -*ó*-; the second adds -*ó*- to the stem and syncopates the
preceding vowel. Thus (a) *imím* "I go away" fut. *imeod*;
ceannaim "I buy" fut. *ceannód*; *diúltaim* "I refuse" fut.
diúltód; (b) *osclaim* "I open" (stem *oscail*-), fut. *osclód*;
fógraim "I announce" (stem *fógair*-), fut. *fógród*. The verbal
noun of class (a) is usually formed by changing the -*i* to -*ú*:

[1] For syncope see p. 12. *Insim* "I tell" (stem *innis*-) has an irregular
future *neosad*. Verbs of class (b) tend to adopt the long *í* of class (a)
so that *osclaim, d'osclaíos, seachnaim, do sheachnaíos* are the normal
forms in Munster of *osclaim* "I open", *seachnaim* "I avoid".

diúltú. The verbal noun of class (b) is formed by adding *-t*: *oscailt, fógairt.* The verbal noun of *imím* is *imeacht,* and of *ceannaím ceannach* (see further p. 114).

Only the future and conditional need now be learned. The full paradigm is given in the Appendix, p. 199.

(a) imím "I go away"

		Future	Conditional
Sg.	1	imeod	d'imeoinn
	2	imeoir	d'imeofá
	3	imeoidh sé	d'imeodh sé
Pl.	1	imeoimíd	d'imeoimís
	2	imeoidh sibh	d'imeodh sibh
	3	imeoid	d'imeoidís

(b) osclaim "I open"

		Future	Conditional
Sg.	1	osclód	d'osclóinn
	2	osclóir	d'osclófá
	3	osclóidh sé	d'osclódh sé
Pl.	1	osclóimíd	d'osclóimís
	2	osclóidh sibh	d'osclódh sibh
	3	osclóid	d'osclóidís

Note that all these forms have the stress on the second syllable.

The possessives of the 1st and 2nd sg., *mo* and *do*, are joined to the prepositions *do* "to", *i* "in, into", *le* "with" and *ó* "from", and drop the *-o*: *dom* (asp.) "to my"; *dod*[1] (asp.) "to your"; *im* (asp.) "in my", *id*[2] (asp.) "in your (sg.)"; *lem* (asp.) "with my", and so on.

VOCABULARY

abair (obir) *say!* sing!   amhrán (ová-raàn) m. *song*
ach (och) *but, except*   aon (än) *any*

---

[1] Or *dot,* see p. 49.   [2] Or *it,* see p. 49.

aonach (änăch) m. *fair*
bailím (ba-leèm) *I collect*
cártaí (kaar-teè) *cards*
ceannaím (kya-neĕm) *I buy*
ceoltóir (kyōl-hōr) m.
  musician
críochnaím (kreech-neèm) *I finish*
deatach (di-tòch) m. *smoke*
dó (dö) *to him*
duine (dini)° m. *person*; pl.
  daoine (deeni)
éirím (ay-reèm) *I rise*; éirím
  as *I cease from, give up*
fiafraím (feeăr-heèm) de *I enquire of, ask*
gan mhoill (gon-vweèl) *without delay, soon*
go moch (gă-mùch) *early*
gortaím (gör-teèm) *I hurt*
iascaireacht (eeăsgirăcht) f.
  fishing

im (eem) m. *butter*
imím (i-meèm) *I go away*;
  imíonn sé leis, *he goes off, sets out*
imrím (imi-reèm) *I play*
insint (eenshint) *telling, to tell*
iompaím (oom-peèm) *I turn*
margadh (morăgă) m. *market*
oíche (eehi) f. *night*; pl.
  oícheanta
osclaim (ösgălim) *I open*;
  d'oscail sé *he opened*
sara (soră) conj. *before*
scéalta (shgeealhă) *stories*
seachtain (shachdin) f. *week*
siúl (shool) *walking, to walk*
tairgim (tarigim) *I offer*,
  fut. tairiceod (irreg.)
tosnaím (tös-neèm) *I begin*
uair (ooĭr) f. *hour, a time*;
  uair sa tseachtain, *once a week*; uaireanta *sometimes*

Exercise 26

A. Tosnóid. Do dhiúltóinn. Neosaimíd. Do cheannóidís.
Críochnóir. Do thosnaíodar.[1] Éirímíd. Do dhiúltódh sé.
D'iompaíodar. Do cheannaigh[2] sé.

B. 1. Críochnód an obair amáireach. 2. D'fhiafraigh[2] sí dá
hathair cad a bhí ar siúl. 3. Níor éirigh[2] Tomás fós ach
éireoidh sé gan mhoill. 4. Imíd leo abhaile tar éis na scoile.
5. Ceannaíonn[3] mo mháthair an t-im uair sa tseachtain.

---

[1] In the new spelling -*odar* after *i*. The old spelling is *do thosnaigh-eadar*.

[2] Verbs in -*im*, originally -*ighim*, retain the final -*gh* in the 3 sg.
past and in the 2 sg. imperative. It is pronounced *g* except before
pronouns.

[3] In the new spelling -*onn* after *i*. The old spelling is *ceannaigheann*.

6. Nuair a bhead ag caint le Tadhg tairiceod deich bpuint dó ar an ngamhain. 7. Bainfead an scian san den pháiste nó gortóidh sé é féin. 8. Abair amhrán, a Thomáis, agus ansan imeoimíd abhaile. 9. Do thosnaigh na hiascairí ag iascaireacht go moch ar maidin. 10. Tosnóimíd-ne amáireach le cúnamh Dé. 11. Do bhailíomair an t-airgead sarar imigh na daoine. 12. Bíonn aonach sa bhaile mhór uair sa mhí agus margadh uair sa tseachtain. 13. Blianta ó shin do chaitheadh na daoine oícheanta geimhridh ag insint scéalta, ach d'éiríodar[1] as an nós san. 14. Osclód an fhuinneog agus imeoidh an deatach so. 15. D'fhiafraíodar cathain a thosnódh an ceol. 16. Tosnóidh sé nuair a bheimíd ullamh.

Exercise 27

A. 1. We begin. 2. They will finish. 3. He did not refuse. 4. Did you tell? 5. They bought. 6. We would buy. 7. Would they turn? 8. Did they begin? 9. He would not tell. 10. You will hurt.

B. 1. I shall buy the books tomorrow. 2. We shall get up early and finish the work. 3. I shall ask my mother who will be coming. 4. They turned the hay yesterday, and they will turn it again today. 5. The music will begin when the musicians are ready. 6. We shall collect the money before we let (fut.) the people in. 7. He opened the book and (he) began to read. 8. When the nights are (habit.) long people play cards. 9. They will not play (any) cards tonight.

---

[1] In the new spelling -odar after i. The old spelling is d'éirigheadar.

LESSON XII

Rules for Gender. Abstract Nouns. Nouns of Agency.
Diminutives. The Dual Number.

Prepositions.

In a general way, every noun meaning a male person or
animal is masculine, and every noun meaning a female
person or animal is feminine. But whereas in English things
are generally neuter, there is no neuter gender in Irish. In
this respect Irish is like French, and you have to learn the
rules. The endings of words have much to do with gender,
and we cannot depend on the meaning.

We have had in Lesson I lists of nouns ending in broad
consonants, of which the first contains only masculine nouns
and the second only feminine. These are distinguished by
their inflexion, and if you know that a noun forms the geni-
tive singular by making the broad consonant slender, you
can be sure that it is masculine. There are, however, certain
endings which are regularly either masculine or feminine,
and these must now be learned.

1. ABSTRACT NOUNS. Most abstract nouns are feminine.
There are two common ways of forming an abstract noun
from an adjective: (a) by adding -e, so that the form is the
same as the gen. sg. fem. of the adj.: *geal* "white", *gile*
"whiteness"; *righin* "slow", *righne* "slowness"; *séimh*
"gentle", *séimhe* "gentleness"; *géar* "sharp", *géire* "sharp-
ness"[1]; (b) by adding -*acht*, which is much the commoner:

---

[1] In a few instances where there are two forms, only this one may
be used for the idiom with *dá* illustrated on p. 84: e.g. *binne, binneas*
"sweetness"; *ciúine, ciúineas* "quietness"; *cruinne, cruinneas* "exact-
ness"; *fuaire, fuacht* "coldness".

sásta "satisfied", *sástacht* "satisfaction"; *milis* "sweet",
milseacht; *luath* "early" *luathacht*; *misniúil* "courageous",
misniúlacht "courage" (and so for all adjectives in *-úil*).
Both these endings are feminine, and the second is also freely
used to form nouns of action from nouns: *ceoltóir* "musician",
ceoltóireacht "making music"; *scéalai* "storyteller", *scéa-
laíocht*[1] "storytelling"; *rógaire* "rogue", *rógaireacht* "playing
tricks"; *meisceoir* "drunkard", *meisceoireacht* "drunkenness".

A third suffix forming abstract nouns is *-as*, and these are
masculine: *dona* "bad", *donas*; *maith* "good", *maitheas*
"goodness"; *olc* "bad", *olcas* "badness"; *righin* "slow",
righneas "slowness"; most of these form the genitive in
-is, but the genitive of *maitheas* (somet. f.) is *maitheasa*.

2. NOUNS OF AGENCY. There are three suffixes, *-aire, -óir* and
-i (formerly written *-aighe*), all masculine: (a) *cócaire* "cook",
iascaire "fisherman", *rógaire* "rogue"; (b) *rinceoir* "dancer",
ceoltóir "musician", *cainteoir* "speaker", *Gaeilgeoir* "one who
speaks Irish", *muilleoir* "miller", *feirmeoir* "farmer",
meisceoir "drunkard"; (c) *ceannai* "buyer", *gréasai* "cobbler",
scéalai "storyteller", *robálai* "robber". Even when used of a
woman, these nouns are treated as masculine: *rinceoir
breá is ea í; cócaire maith is ea í; rógaire mór is ea í*; without
aspiration of the adjective.

3. DIMINUTIVES. The two masculine suffixes are *-án* and
-in. There is some contrast between them, for the first is no
longer productive, and is sometimes pejorative; the second
is still productive and often expresses affection. (a) *amadán*
"fool"; *balbhán* "a dumb man"; *bochtán* "a pauper"; *ciseán*
"basket". Diminutives in *-án* belong to the first declension
(gen. sg. and nom. pl. in *-áin*); (b) *cailín* "girl" (masc.);
boiscín "a little box"; *firín* "a little man" (note the change of
vowel *fear, fir-*); *crúiscín* "a little jug". Almost any noun
may take this diminutive suffix, and words so formed belong
to the fourth declension (indecl. in the sg., and nom. pl. in

[1] In the new spelling *-ocht* after *i*. The old spelling is *sgéalaigheacht*.

-í). Some feminine nouns keep their gender even with the suffix: *an bheainín chríonna* "the little old woman".

The feminine suffix is *-óg*. It is not used to make new diminutives. All words ending in *-óg* belong to the second declension (gen. sg. *-óige*, and nom. pl. *-óga*): *ciaróg* "beetle"; *ciotóg* "left hand"; *fuiseog* "lark"; *fuinseog* "ash tree"; *gráinneog* "hedgehog"; *ordóg* "thumb"; *putóg* "intestine".

4. Many names of trees and most river-names are feminine. Most names of countries are feminine and take the definite article: *an Fhrainc* "France" (compare "la France"); *an Spáinn* "Spain"; *an Eilbhéis* "Switzerland"; *an Iodáil* "Italy"; *an Ghearmáin* "Germany". *Sasana* "England" is masculine and does not take the article. *Alba* "Scotland" and *Éire* "Ireland" take the article only in the genitive: *na hAlban, na hÉireann*, but *i nAlbain, i nÉirinn*.

Exercise 28

Applying these rules, arrange the following nouns in two classes, masculine and feminine:

bó *cow*	deirge *redness*
gairbhe *roughness*	fuinseog *ash*
amhrán *song*	fearúlacht *manliness*
cumhracht *fragrance*	ceannaí *merchant*
ciaróg *beetle*	an Spáinn *Spain*
cráin *sow*	boiscín *a little box*
tarbh *bull*	giúis *pine*
Bóinn *Boyne*	sicín *chicken*
dair *oak*	feirmeoir *farmer*
gairdín *garden*	robálaí *robber*
ordóg *thumb*	piseog *superstition*
dílseacht *faithfulness*	Sionainn *Shannon*

THE DUAL NUMBER.

Irish is peculiar in having a special form for the dual, that is for pairs of things. It occurs only with the numeral *dá*

"two", and is the same as the dative singular. Therefore, it
is the same as the nominative singular for masculine nouns,
but not always for feminines. It is commonest with the
names of things that go in pairs, arms, legs, eyes, ears, shoes,
etc.: *mo dhá chois* "my two legs"; *a dhá shúil* "his two
eyes"; *a dhá bhróig* "his two shoes"; *mo dhá láimh* "my two
hands". The numeral *dá* aspirates, and is itself usually aspi-
rated unless preceded by the article, which has the *singular*
form. "Two" of a number of objects is expressed as *dhá
cheann* (contrast *trí cinn* "three")[1]: *tabhair dom an dá cheann
san* "give me those two". If the feminine possessive *a* "her"
is used, the numeral usually remains aspirated, but the
following noun is unaspirated: *a dhá bróig* "her two shoes".
The genitive dual is the same as the genitive plural. A dual
noun takes the plural form of the adjective: *an dá chloich
mhóra* "the two big stones"; *an dá lachain bhána* "the two
white ducks".

An interesting point is that singulatives are formed for
these words that go in pairs, by prefixing *leath-* to the noun.
Thus *leath-lámh* "one hand", *leath-shúil* "one eye", *leath-
bhróg* "one shoe". But these forms occur only when you want
to specify one of the two things: *ar leath-láimh* "one-armed";
ar leath-ghlúin "kneeling on one knee"; *leath-chúpla* "one of
twins"; *leath-taobh*, (*leataobh*) "one side"; *leath-lai* "one of
the shafts (of a cart)", and so on. The point is that here the
meaning is not "half an arm", "half a shoe", "half a knee",
although *leath-* commonly has its true value, as in *leath-ghloine*
"half a glass (of whiskey)", *leath-phunt* "half a pound", *leath-
mhíle* "half a mile", *leath-phingin* "halfpenny". Note the
idiom: *do chuir sé leath-chluas air féin* "he turned his head to
listen" ("he gave ear").

Prepositions.

We have seen (Lesson III) that simple prepositions take

[1] *ceann* "head" is commonly used in this sense: *tá ceann desna
leabhair caillte* "one of the books is lost".

the dative case. The following is a full list of prepositions:

ag *at*

ar (asp.) *upon*

ar feadh (c. gen.) *during*

as *out of*

chun (c. gen.) *towards*

cois (c. gen.) *at*

de (asp.) *from, of*

do (asp.) *to*

fé (asp.) *under, about*

gan (asp.) *without*

go *to* (with place-names and some expressions of time)

go dtí *to* (of motion), *till*

i (ecl.) *in*

i dtaobh (c. gen.) *about*

idir (asp.) *between*

i gcóir (c. gen.) *for*

i n-aice (c. gen.) *near*

i ndiaidh (c. gen.) *after*

le *with*; le hais *beside*

ó (asp.) *from*

os cionn (c. gen.) *over, above*; os comhair (c. gen.) *in front of*

roimh (asp.) *before*

tar éis (c. gen.) *after*

thar *across, over*

timpeall (c. gen.) *around*

trí (asp.) *through*; tríd an *through the*

trasna (c. gen.) *across*

um (asp.) *about*

The compound prepositions are *ar feadh, go dtí, i dtaobh, i n-aice, i ndiaidh, le hais, os cionn, os comhair, tar éis,* of which *go dtí* contains an old verbal form (lit. "till it come") and takes the nominative case.[1] The others take the genitive. If the word governed by the latter prepositions is a pronoun, it appears in the possessive: *ina thaobh,* about it; *im aice,* near me; *id dhiaidh,* after you; *lenár n-ais,* beside us; *os a gcionn,* above them. So also *im thimpeall,* around me. Note that *chun, timpeall* and *trasna* also take the genitive. *chun* and *go dtí* serve also as conjunctions: *chun gur thánadar, go dtí gur thánadar* "until they came". *um* is commonly used with the verb *buail* in the sense "to meet": *do bhuail Seán umam* "I met John"; and in expressions of time: *um Cháisc* "at Easter"; *um Nollaig* "at Christmas"; *um thráthnóna* "in the evening"; *um an dtaca so* "by this time". But also *cuir umat do chasóg* "put on your coat"; *uime sin* "on that account".

[1] In Kerry *go dtí* takes the dative, causing eclipsis after the article: *go dtí an mbád* "to the boat".

VOCABULARY

amach (ă-mòch) *out;* amach liom *out with me, I hastened out*

ar fad (er foḏ) *altogether, entirely*

banc (bounk) m. *bank*

breac (brak) m. *trout*

casaim (kosim) *I turn*

cead (kyaḏ) m. *permission*

do ghlaoigh ar (ghläg) *called*

do chuas (chuaigh sé) *I (he) went* (Lesson XIII)

coinín (kă-neèn) m. *rabbit*

droichead (ḏröhăḏ) m. *bridge*

drisiúr (ḏri-soòr) m. *dresser*

fúm *beneath me*

giorracht (gyă-ròchṯ) *shortness;* ag dul i ngiorracht *getting shorter*

halla (holă) m. *hall*

i leataoibh (la-ṯeèv) *to one side*

i n-áon chor (i-nächăr) *at all*

léimim (lēmim) *I leap*

lem chois *along with me*

loch (löch) m. *lake*

mórthimpeall *c. gen.* (mooăr-heèmpăl) *all around*

ó chianaibh (ō-cheèăniv) *a while ago*

oifig an phoist (öfig ă fwisht) f. *post-office*

rince (reengki) m. *dance*

saighdiúir (say-dyoòr) m. *soldier*

séipéal (shē-pēl) m. *chapel*

soir (sir) *eastwards*

seasaím (sha-seèm) *I stand*

siúlaím (shoo-leèm) *I walk*

suím (seem) *I sit*

do tháinig sé suas leis *he overtook him*

do thánadar *they came*

thíos (hees) *below*

ticéad (ti-kēḏ) m. *ticket*

Exercise 29

A. 1. Mo dhá chois. 2. A dhá súil. 3. Do dhá láimh. 4. A dhá chluais. 5. Tá an fear bocht san ar leath-shúil, slán mo chomhartha.[1] 6. D'fhan Seán leath-uair an chloig ar a leath-ghlúin. 7. Do chuir an seanduine leath-chluas air féin. 8. Tá leath-laí briste sa trucail sin. 9. Do ghlaoigh a mháthair i leataoibh ar Sheán.

[1] lit. "safe (be) my sign". This pious expression is used at the mention of any human deformity, and is usually rendered in English "God bless the mark!"

B. 1. Tá tithe móra sa bhaile mhór. 2. Tá an banc idir oifig an phoist agus an séipéal. 3. D'imigh na buachaillí síos an tsráid i ndiaidh na gcailíní, agus sheasaíodar ag doras an halla. 4. Tá fuinneoga arda ar an halla agus dhá dhoras mhóra. 5. Bhí an rince ar siúl nuair a thánadar, agus cheannaíodar ticéadaí ó fhear an dorais. 6. Ní raibh sé de chead ag aon duine dul isteach gan ticéad. 7. Do chonac ag dul abhaile iad ó chianaibh. 8. Do ritheas as an seomra agus amach liom ar an sráid. 9. Shiúlaíos tríd an mbaile mór agus timpeall an locha soir go dtí an droichead. 10. Do bhí mo ghadhar lem chois. 11. Sheasaíos ag an ndroichead agus bhíos ag féachaint ar na breacaibh san uisce thíos fúm. 12. Níor chuas trasna na habhann i n-aon chor. 13. Chasas thar n-ais tar éis tamaill. 14. Nuair a bhíos ag siúl abhaile trasna na bpáirceanna, do léim coinín amach as poll agus do chuaigh an gadhar ina dhiaidh, ach níor tháinig sé suas leis.

Exercise 30

A. 1. His two feet. 2. My two eyes. 3. Her two shoes. 4. The old soldier has (only) one arm. 5. It is better to have one eye than to be altogether blind. 6. That girl is a twin.

B. 1. I hastened out of the house. 2. It was dark outside, for the evenings were getting short. 3. We walked across the fields and over the bridge. 4. There was an old man sitting near the bridge. 5. The dog ran all around the field after the rabbits. 6. Then I walked through the town to the post-office and came home without delay. 7. I met your brother in the street. 8. The girls went to the chapel a while ago (ó chianaibh). 9. Some (cuid) of the money is lost. 10. He took it from the table and put it into a box which was under the dresser.

LESSON XIII

Prepositional Pronouns.
Irregular Verbs: "come" and "go". The Verbal Noun.

You have learned the pronouns in Lesson VII. Where in English a preposition is followed by a pronoun e.g. "on me, from you, to him, her, them" etc., in Irish preposition and pronoun are joined together as one word: "on me" is not *ar mé* but *orm*; "from you" is not *ó tú* but *uait*; "to him" is *dó*, "to her" *di*, and so on. Here are the forms for the six prepositions *ag*, *ar*, *do*, *de*, *le*, *ó*:

		ag "at"	ar "on"	do "to"
Sg.	1	agam (ă-gùm)	orm	dom
	2	agat (ă-gùt)	ort	duit
	3	aige, aici (i-gè, i-kì)	air, uirthi	dó,[1] di
Pl.	1	againn (ă-gìng)	orainn	dúinn
	2	agaibh (ă-gìv)	oraibh	daoibh[2]
	3	acu (ă-kù)	orthu	dóibh

		de "from"	le "with"	ó "from"
Sg.	1	díom	liom	uaim
	2	díot	leat	uait
	3	de, di	leis, léi	uaidh, uaithi
Pl.	1	dínn	linn	uainn
	2	díbh	libh	uaibh
	3	díobh	leo	uathu

We have seen that the verbs *tá* and *is* (copula) are irregular, and that they have separate dependent forms. There are ten other irregular verbs, most of which also have dependent forms. The dependent form is used after *ní*

[1] *do* short in Munster. [2] The *d* is pronounced as slender.

"not", *ná* (negative interrogative or dependent negative "is not?" or "that not"), *an* (interrogative), *go* "that", *cá?* "where?", *dá* "if", *mara* "unless" (Lesson XVI), *sara* "before", dependent relative (Lesson XXVI), and relative *a* meaning "all that" (p. 152).

The verbs for "to come" and "to go" are irregular (cf. Eng. "go": "went") but have no dependent forms:

Present	Imperfect	Past	
tagaim "I come"	do thagainn	do thánag	
téim "I go"	do théinn	do chuas[1]	

Future	Conditional	Participle	Verbal Noun
tiocfad	do thiocfainn	tagtha	teacht
raghad	do raghainn	dulta	dul

The 2 sg. of do raghainn is do raghfá (rayfaa), but the *f* is omitted in the other persons.

Only the past tense of these two verbs needs to be given in full. The singular of *do thánag* is quite irregular, and the 3 sg. of *do chuas* should be noted.

Sg. 1	do thánag "I came"	do chuas "I went"	
2	do thánaís	do chuais	
3	do tháinig sé	do chuaigh sé	
Pl. 1	do thánamair	do chuamair	
2	do { thánabhair / tháinig sibh	do { chuabhair / chuaigh sibh	
3	do thánadar	do chuadar	

Go eclipses the initial of *tánag: go dtáinig sé* that he came.

The English present participle is rendered into Irish by *ag* and a verbal noun: *tá an bhean ag déanamh creasa* "the woman is making a belt" (p. 44). For the question "what is she doing?", the preposition *do* takes the place of *ag*, and in this position it is pronounced (and usually written) *a: cad*

[1] In Northern Irish there is a dependent form of this paradigm: *ní dheachas, ní dheachais, ní dheachaigh sé*, etc. It may sometimes be heard as *ní dheaghas* (yayăs) etc., in Munster speech.

tá si a dhéanamh? "what is she doing?" So too, *an crios a
bhí si a dhéanamh* "the belt she was making." For another
construction, normal in West Cork, see p. 110 n. 2.

The verbal noun is commonly used as a sort of infinitive,
like the word "come" in English "it is difficult to come"
is deacair teacht, "he cannot come" *ni féidir leis teacht,* "I
asked him to come" *d'iarras air teacht.* If the meaning is
transitive, the order is object + *do*[1] + verbal noun: *is
deacair an doras do dhúnadh* "it is difficult to shut the door",
ni féidir leis an doras do dhúnadh "he cannot shut the door",
d'iarras air an doras do dhúnadh "I asked him, etc." *An
doras do dhúnadh* is a "bracketed construction", and may be
subject or object of a verb, or be governed by a preposition
(p. 115).

The definite article may not be doubled in Irish unless a
demonstrative follows: *deireadh an scéil* "the end of the
story" (p. 37). When a definite noun in the genitive depends
on another definite noun, the article is omitted before
the first noun: *leabhar Shéamais* "James's book"; *capall
m'athar* "my father's horse"; but *an leabhar san Shéamais*
"that book of James's"; *an obair seo na Gaeilge* "this Irish lan-
guage work". (If the first noun is indefinite you must use
either of the prepositions *do* or *le: mac do Sheán* "a son of
John's", *leabhar le Séamas* "a book of James's".)

VOCABULARY

abhar tine *fuel*
anam (onăm) m. *soul, life;*
   i ndeireadh an anama
   exhausted
bláth (blaah) m. *flower*
boladh (bolăhi) m. *smell*
buachaill (booăchil) m. *boy*
buailte (booălhi) *threshed*
Cáisc (kaashk) f. *Easter;*

Domhnach Cásca (on)
   Easter Sunday
caoireoil (kee-rōl) f. *mutton*
Cill Dara (keel doră) Kildare
claí (klee) m. *fence*
cleasaí (kla-seè) m. *trickster*
cnámh (knaav) m. *bone*
cosnaíonn sé *it costs*
dath (doh) m. *colour*

---

[1] Pronounced *a* (ă), and often so written.

deir (der) *says*

deireadh (deri) m. *end*

drom (droum) m. *back*; ar shlait a dhroma *on the flat of his back*

falla (folă) m. *wall*

fearr (faar) *better*

feirmeoir (feri-myōr) m. *farmer*

feoil (fyōl) f. *meat*

feochta (fyōchdă) *withered*

foghlaim (foulim) f. *learning, to learn*

gréasaí (greea-seè) m. *cobbler*

iarraim (eeărim) ar *I ask,*[1] *request of*

i gcóir (c. gen.) *for*

i mbliana (i-mleeănă) *this year*

i n-airde (ă-naardi) *up, above*

iomad (umăd); an iomad *too much*

lá *day*; pl. laetheanta (lăhăntă)

leabaidh (labig) f. *bed*

lochta (lōchda) m. *loft*

má *if*; with the copula más

Magh Chromtha (mă-chroùmhă) *Macroom*

mairteoil (mar-tyōl) f. *beef*

mar *as, for*

meas (mas) m. *regard, esteem*

móin (mōn) f. *turf, peat*

mórán (mooă-raàn) *much, many* (c. gen.)

muiceoil (mwi-kyōl) f. *pork*

náire (naari) f. *shame*

ó *since*

pian (peeăn) m. *pain*

rás (raas) m. *race*

rothar (rōhăr) m. *bicycle*

scéalaíocht (shgeea-leèăcht) f. *storytelling*

siúinéir (shoo-nēr) m. *joiner, carpenter*

suipéar (să-pēr) m. *supper*

taitneann liom (tanghyăn lum) *I like*

tabhair (toor) ipv. *give!*; tabhair dhom (tröm) *give (to) me!*

tinneas (tengăs) m. *pain, soreness*

titim vn. *falling, to fall*

tóg *take!*

uaigneas (ooăginăs) m. *loneliness*

ualach (ooălăch) m. *load*

cad tá ort? (kod taa ört) *what is wrong with you?*
cad tá uait? (ooet) *what do you want?*
i n-éineacht (le) (i nēnăcht) *together, along (with)*
is fearr liom *I prefer* ⎱ see Lesson XVII
is mian leis *he wishes* ⎰ see Lesson XVII
níl a fhios agam *I do not know*

---

[1] Note that *iarraim ar* means to request and *fiafraim de* means to ask a question.

Exercise 31

A. 1. Tóg díom an mála so agus cuir i n-airde ar an lochta é.
2. Tá uaigneas orthu[1] ó imigh Máire uathu. 3. D'fhiafraigh
an garda dhínn cad a bhí uainn.[2] 4. Fanfád leat más maith
leat. 5. Do thaispeáin Seán dom an rothar nua atá aige. 6. Do
chuamair go Cill Airne inné agus níor thánamair abhaile go
dtí maidin inniu. 7. Fiafród de cad tá sé a dhéanamh.

8. Rógaire mór is ea Máirtín. 9. Níl ann ach cleasaí,[3] agus
tá an iomad measa aige air féin. 10. Neosad scéal duit mar
gheall air. 11. D'iarr sé orainn teacht anso inniu, ach níor
fhan sé linn. 12. Do chuaigh sé amach ag iascaireacht go
moch ar maidin agus níor tháinig sé thar n-ais fós.

(Third and fourth declensions)

B. 1. Tá na bláthanna san feochta. 2. Cuirfead isteach sa
tine iad. 3. An dtaitneann boladh na móna leat? 4. Tait-
neann, ach is fearr an t-adhmad mar abhar tine. 5. Bhíodar
i ndeireadh an anama tar éis an ráis agus chuadar sa lea-
baidh. 6. Tiocfaidh sí abhaile i ndeireadh na bliana. 7. Do
léim sé an claí agus thit sé ar shlait a dhroma. 8. An raibh
tinneas air?[1] 9. Ní raibh aon phian mór air, ach bhí náire air.
10. Tabhair dhom rothar an bhuachalla agus raghad go
dtí an Daingean. 11. Tá na cnámha ag na gadhair. 12. Bíonn
gréasaithe agus táilliúirí go maith chun scéalaíochta.

Exercise 32

A. 1. Diarmaid came in this morning. 2. I asked him what he
wanted, but he did not tell me. 3. He went to Macroom after
dinner and he will not come back till tomorrow. 4. I do not
know what he is doing there. 5. The boys went out fishing,
and the rain came on them. 6. When they came home, they
took off (them) their (say "the") wet clothes, and went to
bed. 7. James was not with them, for he was cutting hay.
8. They will have good hay this year. 9. He will tell you the

---

[1] For this use of *ar* "on", see p. 83.
[2] For this use of *ó* "from" see p. 83.
[3] See p. 53 n. 1.

end of the story when you go to the house. 10. We asked them to go to Dingle with the butter. 11. They were not able to sell it here in the village. 12. It is hard to make money these days.

B. 1. We bought a load of turf from the boatman. 2. I like the smell of the turf. 3. Turf is good as fuel. 4. We prefer (the) wood. 5. What does a pound of mutton cost? 6. It is very dear now; it is as dear as beef. 7. That boy is a farmer's son, and he wishes to be a teacher. 8. He is good at learning. 9. The soldiers will go to Kildare on Easter Sunday, and they will come back at the end of the year. 10. The belt she is making has many colours.[1] 11. Is that the carpenter's house over there near the chapel? 12. No, that is the young doctor's house. 13. I was talking to the tailor's son, and he says his father will be staying in Killarney till the end of the week. 14. We shall go to Tom's house for supper, and come back before the fall of night, and Tom will come along with us.

---

[1] Say "there are many colours on".

LESSON XIV

Uses of the prepositions.

Irregular Verbs "hear" and "get".

Some uses of prepositions in Irish are quite different from English idiom, and they may well be learned in connection with the prepositional pronouns. The verb *tá* is used with various prepositions in special senses: *tá uaim* lit. "is from me" means "I want", just as *tá sé agam* means "I have it". Hunger, thirst, tiredness, anxiety, anger, fear, joy, shame, are said to be "on" a person: *tá ocras orm* "I am hungry"; *an bhfuil tuirse ort?* "are you tired?"; *bhí eagla orthu* "they were afraid", etc. An action to someone's disadvantage is said to be done "on" him: *dhóigh sé an fraoch orm* "he burned my heather"; *bhris sé an claí orm* "he broke my fence", lit. "he broke the fence on me", as is commonly said in Ireland. Describing someone, you may say *níl ann ach tosnóir* "there is not in him (anything) but a beginner" = "he is only a beginner"; *níl inti ach gearrachaile* "she is only a young girl"; *níl iontu ach creacháin* "they are only small ones (of potatoes)".[1] *Tá aithne agam air* means "I know him", lit. "I have acquaintance on him"; *tá eolas agam air* "I know it (of places and things)"; *tá a fhios agam* "I know" (of facts), lit. "its knowledge is at me."

Ar is used to describe a state, and does not then aspirate the following noun (p.17): *ar crochadh* "hanging", *ar buile* "in a rage", *ar siúl* "going on", "happening", *ar meisce* "drunk", *ar bóthar* "on the way" (but *ar bhóthar Chorcaí* "on the road to Cork"), *ar lóistín* "lodging".

Chun "towards" with a verbal noun expresses purpose or futurity (p. 115).

[1] Prepositional pronouns with *i* are in Lesson XV.

De "from" followed by the possessive *a* (*dá*) and an abstract noun means "however great, small, good, bad", etc.: *dá mhéid é, níl sé mór a dhóthain* "however big it is (= big as it is), it is not big enough"; *dá laghad é* "small as it is"; *dá fheabhas é* "good as it is"; *dá olcas é* "bad as it is". Notice that the verb *is* is simply omitted. The phrase may be completed by *is ea is* and a comparative adjective (p. 120) in such sentences as "the sooner the better": *dá luaithe é is ea is fearr*. And the abstract noun may be followed by a relative clause: *dá luaithe a thiocfaidh sé is ea is fearr* "the sooner he comes the better".

Fé "under, about" is used in various idioms. Note *fágaim fút féin é* "I leave it to yourself to decide"; *fé cheann* "within" in expressions of time: *fé cheann uair an chloig* "in an hour's time"; *fé cheann seachtaine* "in a week"; *fé dheireadh* "at last"; *fé nó thairis* "more or less".

Gan "without" with a verbal noun makes it negative: *gan dul* "not to go"; *gan an leabhar do léamh* "not to read the book".

Idir . . . agus can mean "both . . . and": *idir fhir agus mná* "both men and women". The literal meaning is, of course, also normal: *idir an tine agus an doras* "between the fire and the door"; *idir Chorcaigh agus Baile Átha Cliath*.

Le "with" with a verbal noun has the force of Eng. "to" as in "a book to read", "work to do": *tá litir le scríobh agam* "I have a letter to write; *tá ba agam le cur go dtí an t-aonach* "I have cows to send to the fair"; *cad tá le déanamh anois againn?* "what are we to do now?". In expressions of time *le* means *time since when*: *le seachtain* "for the past week", *le huair an chloig* "for the past hour": *tá sé ina chónaí anso le bliain* "he has been living here for a year." *Le* is used for ownership (p. 130); *leabhar liom-sa* "a book of mine" as distinct from *mo leabhar* "my book".

Ó "from": besides *tá sé uaim*, an impersonal verb *teastaíonn sé* is common: *teastaíonn sé uaim* (or *tá sé ag teastáil uaim*) "I want it"; *do theastaigh sé uaim* "I wanted it; *do theastaigh uaim é do dhéanamh* "I wanted to do it", where *é do dhéanamh* is subject of the verb (p. 79). Note also *chonac uaim é* "I saw him in the distance".

The verb *cloisim* "I hear" is irregular only in the past tense: sg. 1. do chuala, 2. do chualaís, 3. do chuala sé; pl. 1. do chualamair, 2. do chualabhair, do chuala sibh, 3. do chualadar. Partic.: cloiste. Verbal noun: clos, cloisint.

The verb *gheibhim* "I get" is irregular, and has distinct absolute and dependent forms except in the past tense:

	Pres.	Imperf.	Past
Absol.	gheibhim	do gheibhinn	do fuaireas
Dep.	faighim	faighinn	fuaireas

	Future	Condit.	Partic.	Verbal Noun
Absol.	gheobhad	do gheobhainn	fachta	fáil
Dep.	faighead	faighinn		

After the negative particle *ní*, the initial *f* is eclipsed except in the imperfect: ní bhfaighim, ní bhfuaireas, ní bhfaighead, ní bhfaighinn, but ní fhaighinn "I used not to get".

VOCABULARY

aithne (ahini) f. *acquaintance*

b' fhéidir (bēdir) go *perhaps*

caitheamh (kohăv) vn. *throwing, spending*

ciall (keeăl) f. *sense*

coróin (krōng) f. *five shillings*

Dé hAoine (dē-heèni) *on Friday*

do mholas dó *I advised him*

drochscéal (dro-shgeèal) m. *bad news*

eolas (ōlăs) m. *knowledge*

fada (fodă) *long*; sara fada *before long*

fágaint (faagint) vn. *leaving*

faid (fad) f. *length*; dá fhaid *the longer . . . , however long . . .*

faill (fayl) f. *cliff*

feabhas (fyaus) m. *goodness, excellence*; dá fheabhas *however good*

féadaim (feeădim) *I can*

fearr (faar) *better*

fios (fis) m. *knowledge*

gáirim (gaarim) *I laugh*
gleo (glō) m. *noise*
go léir (gă-lēr) *all*
iarraim (eeărim) *I ask*
imní (imi-neè) m. *anxiety*
iníon (i-neeăn) f. *daughter*
is dócha *probably*
laghad (leeăd) m. *smallness*;
  dá laghad *the less . . .*
mí (mee) m. *month*

muintir (mweentir) f. *people*
naomhóg (nä-vōg) f. *coracle*
ocras (ökărăs) m. *hunger*
os comhair (kôr) *in front of*
snámh (snaav) vn. *swim-
  ming*; de shnámh *by swim-
  ming*
traein (trän) f. *train*
triúr (troor) m. *three people*
tuirse (tirshi) f. *tiredness*

Exercise 33

1. Fuaireas litir óm mháthair ar maidin. 2. D'iarr sí orm teacht abhaile fé cheann seachtaine. 3. Raghad ar an dtraein ó Magh Chromtha Dé hAoine. 4. An bhfuilir chun mise d'fhágaint anso? 5. Nílim. Féadfair-se teacht i n-éineacht liom. 6. Gheobháir-se litir amáireach is dócha. 7. Ar chualaís an scéal i dtaobh an triúir a chuaigh ag iascaireacht inné? 8. D'iompaigh an naomhóg orthu agus thánadar i dtír de shnámh. 9. An bhfuil aithne agat orthu? 10. Tá aithne mhaith agam ar dhuine acu agus do mholas dó gan dul amach i n-aon chor. 11. Cad tá ar siúl amuigh ar an mbóthar? 12. Ná cloiseann tú an gleo? Ní chloisim. 13. Tá na garsúin thoir fén bhfaill ag caitheamh cloch isteach sa bhfarraige. 14. Gheobhaid siad ciall le haois! 15. An bhféadfaidh sé bheith anso fé cheann uair an chloig? 16. An bhfuairis aon scéal ó Mháirtín ó imigh sé? 17. Ní bhfuaireas. B'fhéidir go bhfaighinn[1] litir uaidh sara fada. 18. Níor chualamair aon ní mar gheall air ach go bhfuil sé ar lóistín i n-éineacht lena dheartháir. 19. Is maith an scéal é sin, dá laghad é. 20. Dá fhaid a fhanfaidh sé sa Ghaeltacht is ea is fearr a fhoghlaimeoidh sé an Ghaeilge. 21. Dá fheabhas í an mhóin, is fearr an gual ná í. 22. Bhíodar go léir ag rince, idir bhuachaillí agus cailíní. 23. Do bhriseadar an fhuinneog orm sarar imíodar. 24. An bhfuil a fhios agat cár chuadar? Níl a fhios.

[1] Note the conditional (not the simple future) after *b'fhéidir*.

Exercise 34

1. They are anxious, for they got bad news from their daughter today. 2. She is sick and she cannot come home till the end of the month. 3. Do you know what was wrong with her? No. 4. Perhaps we shall get a letter tomorrow. 5. I have not got any news from my people for a week. 6. The sooner you write to them (*chùthu*) the better. 7. You will probably get an answer. 8. They have all gone away, both men and women.

9. My father asked me to go to the shop and get him tobacco. 10. I got five shillings from him. 11. I went down to the shop. 12. When I went in, the girl said to me: What do you want? 13. You will not get any tobacco from me for you are only a child (p. 88). 14. Tell (p. 90) your father to come. 15. My father laughed when he heard the story.

16. Who is that man who is standing in front of the fire? 17. I do not know him. 18. He is the school-master. 19. They have not come home yet. 20. They will be tired and hungry after the work. 21. They will sleep well tonight

LESSON XV

Prepositional Pronouns (contd.).
Irregular Verbs "see" and "say".

Here are the forms for the prepositions *as* out, *i* in, *chun*
towards, *fé* under, *roimh* before, *thar* over, past, *trí* through:

asam	ionam	chúm	fúm
asat	ionat	chút	fút
as,	ann,	chuige,	fé,
f. aisti	f. inti	f. chúithi	f. fúithi
asainn	ionainn	chúinn	fúinn
asaibh	ionaibh	chúibh	fúibh
astu	iontu	chúthu	fúthu

romham	tharam	tríom
romhat	tharat	tríot
roimhe,	thairis,	tríd,
f. roimpi	f. thairsti	f. tríthi
romhainn	tharainn	trínn
romhaibh	tharaibh	tríbh
rompu	tharstu	tríothu

The verb *chím* "I see" is irregular, and has distinct
absolute and dependent forms in all tenses:

	Present	Imperfect	Past
Abs.	chím	do chínn	do chonac
Dep.	feicim	feicinn	faca

	Future	Conditional	Partic.	Verbal Noun
Abs.	chífead	do chífinn	feicthe	feiscint
Dep.	feicfead	feicfinn		

88

The past tense must be learned in full:

Abs.	Sg. 1 do chonac		Pl. 1 do chonaiceamair	
	2 do chonaicís		2 do {chonaiceabhair / chonaic sibh	
	3 do chonaic sé		3 chonaiceadar	
Dep.	Sg. 1 faca		Pl. 1 facamair	
	2 facaís		2 {facabhair / faca sibh	
	3 faca sé		3 facadar	

The verb *deirim* "I say" is irregular, and has distinct absolute and dependent forms except in the past tense:

	Present	Imperfect	Past
Abs.	deirim	deirinn	duart
Dep.	abraim	abrainn	duart

	Future	Conditional	Partic.	Verbal Noun
Abs.	déarfad	déarfainn	ráite	rá
Dep.	abród	abróinn		

The 3 sg. pres. abs. has two forms *deir* and *deireann*, of which the latter serves as a habitual.

Note that the imperfect, past and conditional do not take *do*, and the initial *d* is not subject to aspiration: *ní deirim, an rud adeirim, ní duart*, etc.[1]

The past tense must be learned in full:

Sg. 1 duart		Pl. 1 dúramair	
2 dúraís		2 {dúrabhair / dúirt sibh	
3 dúirt sé		3 dúradar	

[1] There is an historical reason for this. The verb is an old compound which begins with unstressed *a-*. This initial vowel has been lost except in the relative construction, as in the case of *tá* (*atá*). It will be seen that the absolute forms commonly serve as dependent in Munster: *ní deirim*, etc.

The verb *deirim* (*le*) "I say (to)" when followed by a verbal noun means "I tell": *deirim leat imeacht* "I tell you to go away"; *dúirt m'athair liom leabhar do cheannach* "my father told me to buy a book" (p. 79).

Note imperative 2 sg. *téir*, go! *tair*, come! *abair*, say! recite!

An, go, ná and *ní* do not take *ro* (p. 47) with the past tense of these verbs.

VOCABULARY

áis (aash) f. *benefit, use*
bainim as *I get from*
bean (ban) f. *woman, wife*
bláthach (blaahăch) f. *butter-milk*
braon (brän) m. *a drop, a little* (*of liquid*)
cara (koră) m. and f. *friend*; g. carad
caora (keeră) f. *sheep*; g. caorach (kärăch)
cathaoir (ko-heèr) f. *chair*; g. cathaoireach
ceárta (kyaartă) f. *·forge*; g. ceártan
cóir (kōr) *right, proper*
comharsa (kôrsă) f. *neighbour*; g. comharsan

comhaireamh (kôrăv) vn. *counting*
cupán m. *cup*
fan! *stay!* ipv.
gabha (gou) m. *blacksmith*; g. gabhann
gáire (gaari) m. *a laugh*
gach aon duine (goch ēngi) *everyone, each one*
imithe (i-mìhi) *gone away*
iníor (eeng-eèr) vn. *grazing*
leanbh (lanăv) m. *child*
plaincéad (playng-kēd) m. *blanket*
teanga (tangă) f. *tongue, language*; g. teangan
tuilleadh (tili) *more*; a thuilleadh *any more*

Exercise 35

A. 1. Tháinig sé chúinn. 2. Chuamair chuige. 3. Cuirfead cóta mór ar an bhféar fút. 4. Ar imigh sí uaibh? 5. Bainfid díobh na bróga fliucha nuair a thiocfaid isteach. 6. Fan amach uathu anois! 7. Tá tuirse uirthi tar éis na hoibre. Cad tá inti ach leanbh! 8. Do chonac romham amach ar an mbóthar é. 9. Bhain sé gáire asam. 10. Bainfimíd áis as an

adhmad san i gcóir ṫine. 11. Do chuaigh sé tharainn ach ní
fhaca sé sinn. 12. Cuirfimíd braon bainne sa chupán agus
cuirfimíd uisce tríd. 13. Ní bheidh deoch ann i gcóir gach
aon duine. 14. Tá na fir ag sábháil fhéir ó mhaidin agus tá
tart agus ocras anois orthu. 15. Tabhair an bhláthach san
le n-ól dóibh agus bainfidh sé an tart díobh.

B. Fifth Declension.

1. Sin é talamh na comharsan. 2. Do chuaigh an gabha
isteach sa cheártain. 3. Tá cos bhriste sa chathaoir sin;
caithfead ceann nua a chur inti. 4. An bhfuil na cathaoi-
reacha go léir anso? Táid 5. Ní fhaca mo dheartháracha
fós inniu. 6. An bhfacaís i n-aon áit iad? 7. Abair leo gur
chuas ag comhaireamh na gcaorach. 8. Déarfad. 9. Is mór
an cúnamh comhairle charad. 10. Tá na cairde imithe agus
tá tithe na gcomharsan uaigneach. 11. Chím na cnoic
mhóra ach ní fheicim aon tithe orthu. 12. Do chínn t'athair
go minic nuair a thagadh sé anso. 13. Chífir arís i mbliana
é, mar tiocfaidh sé i ndeireadh an mhí. 14. An bhfeicfead do
mháthair leis, nó an bhfanfaidh sise sa bhaile? 15. Déarfad
léi teacht más féidir léi i n-aon chor é.

Exercise 36

A. 1. I shall go to them. 2. They took off their coats. 3. I shall
make you laugh (say "get a laugh out of you"). 4. She went
away from them. 5. Have they any work to do? 6. We have
had (say "eaten") supper already. 7. She put a blanket under
us. 8. What is wrong with you ("on you" pl.)? 9. I was there
before her.

B. 1. My friends will go home tomorrow. 2. The blacksmith
is in the forge. 3. The sheep are grazing in the field beside
the house. 4. We used to go to a neighbour's house every
evening. 5. The neighbours will come to our house tomorrow.
6. I shall see Michael in the morning, and he will tell them
(it). 7. Have we chairs for everyone? 8. The back of that chair

is broken. 9. I do not see the other chairs. 10. Have you seen them anywhere? 11. No. 12. Has your friend's wife come yet? 13. Yes. She is standing outside near the door. 14. Shall I tell her to come in? 15. Do. 16. I used to see her often before she married, when we were learning the language.

LESSON XVI

Conditional Sentences. Subordinate Clauses. Conjunctions.
(For the paradigms, see pages 57 and 58)

There are two words for "if" in Irish, *má* (asp.) and *dá* (ecl.). In present and future conditional clauses *má* is used and takes the present indicative of the verb, with present or future (or an imperative) in the main clause: *má thagann sé, beidh fáilte roimhe* "if he comes, he will be welcome"; *má tá sé agat, tabhair dom é* "if you have it, give it to me"; *má cheapann tú é sin, níl an ceart agat* "if you think that, you are wrong". In these clauses the habitual form of *tá* is used when the main verb is in the future: *má bhíonn sé go breá amáireach, raghaimíd ag iascaireacht* "we shall go fishing tomorrow, if it is fine".

In simple past conditions *má* is used with the past indicative, and a past indicative in the main clause: *má bhí sé ann ní fhaca-sa é* "if he was there, I did not see him"; *má dúirt sé é sin, do bhí an ceart aige*[1] "if he said that, he was right".

In remote conditions *dá* is used and takes the conditional (or past subjunctive): *dá bhfeicfinn (bhfeicinn)*[2] *é, do labharfainn leis* "if I saw him, I would speak to him"; *dá raghadh (dtéadh) sé ann, do chífeadh sé iad* "if he were to go there, he would see them"; *dá mbeidís ann, do gheobhaimís iad* "if they were there, we should find (get) them". Or, with *féin* (p. 49), *dá mbeidís ann féin, ní bhfaighimís iad* "even if they were there, we would not find them".

There is no pluperfect in Irish, and these sentences may also have the force of unfulfilled conditions: "if I had seen him, I should have spoken to him"; "if he had gone there, he would have seen them". The context alone distinguishes the

[1] cf. Fr. *il avait raison*, Germ. *er hatte recht*.
[2] Here there is no difference of pronunciation, as the *f* is silent. The subjunctive mood is given in Lesson XXV.

two meanings. The negative for both *má* and *dá* is *mara* which takes the present or past subjunctive in the north, and usually the future or conditional in the south: *mara raghaidh sé ann, ní fheicfidh sé iad* "if he does not go there, he will not see them"; *mara raghadh sé ann, ní fheicfeadh sé iad* "if he did not go there, he would not see them".

With the copula *má* makes present *más*, past *má ba* (asp.), and *dá* makes *dá mba* (asp.): *más fear é* "if it is a man", *más fíor é* "if it is true", *má b'fhíor é* "if it was true", *dá mba mhaith leat é* "if you liked". The negative forms are present *marar, maran*, past and conditional *marar* before consonants; and present *marab*, past and conditional *mararbh* before vowels: *ná téir ann maran maith leat é!* "don't go there unless you like it"; *duart leis gan dul ann marar mhaith leis é* "I told him not to go there unless he liked it"; *marab é atá ann* "unless it be he that is there"; *mararbh é a bhí ann* "unless it was he that was there".

In conditional sentences a more emphatic form of the "if"-clause employs the copula with *rud* "thing" and a subordinate clause (*v. inf.*): *más rud é go* (*ná*), *dá mba rud é go* (*ná*), e.g. *más rud é nár fhéad sé teacht* "if in fact he was not able to come"; *dá mba rud é ná féadfadh sé teacht* "if in fact he were not able to come". Here *rud* may be omitted: *dá mba ná féadfadh sé teacht*. Finally, there is a construction with the verb *tá* and a subordinate clause: *mara mbeadh gur fhéad sé teacht* "if it were not for the fact that he was able to come".

SUBORDINATE CLAUSES

When a clause is introduced by the conjunction "that", we call it a subordinate clause, e.g. "he said that he would come". You have learned already (pp. 47, 78) that the conjunction in Irish is *go* (ecl.), and the negative ("that not") is *ná*: *dúirt sé go dtiocfadh sé*; *dúirt sé ná tiocfadh sé*. And the forms of *is* in these dependent clauses were given in Lesson VIII.

B'fhéidir "perhaps", and *cad 'na thaobh* "why" are followed by *go* (*ná*): *cad 'na thaobh ná cuireann tú umat do chasóg?* "Why do you not put on your coat?" *B'fhéidir go dtiocfadh sé* "perhaps he will come".

Other common subordinate clauses in English are classified as temporal, final, concessive, causal and consecutive, and we shall see how these are expressed in Irish. The temporal conjunctions are *nuair* "when", with rel. *a*,[1] *sara* (ecl.) "before" and *ó* "since": *nuair a bhíonn an cat ar an margadh bíonn na luchaigh ag rince* "when the cat has gone to market the mice dance"; *d'imigh sé sara raibh sé d'uain agam labhairt leis* "he went away before I had time to speak to him"; *ní fhaca é ó phós sé* "I have not seen him since he married".

A final clause is introduced by *chun* or *i dtreo* "towards", which here serve as conjunctions and are followed by *go* (*ná*): *do chuaigh sé ann d'aon-ghnó chun go bhfeicfí é* "he went there on purpose to be seen"; *do chuireas an t-airgead i bhfolach i dtreo ná faigheadh aon duine é* "I hid the money so that no-one should find it".

A concessive clause is introduced by *cé* "although" with *go* (*ná*): *cé go raibh sé ann, níor labhair sé* "he did not speak, although he was present".

A causal clause is introduced by *ó* "since", *mar* (*go*) "for", or *toisc* (*go*) "because": *bhí sé ceart aige labhairt, ó bhí sé ann* "he ought to have spoken, since he was present"; *níor inseas dó é, mar ná faca i n-aon chor é* "I did not tell it to him, for I did not see him at all"; *d'fhanas amuigh toisc ná raibh slí dhom istigh* "I stayed outside because there was no room for me within".

A consecutive clause may be introduced (1) by *chomh* (. . . *go*): *do bhí an sneachta chomh doimhin nár fhéadamair siúl* "the snow was so deep that we could not walk"; *bhí an mála chomh héadrom gurbh fhéidir é iompar gan dua* "the sack was so light that one could carry it without difficulty". (2) by *i dtreo go*: *do chaith sé a chuid airgid i dtreo go raibh sé gan pioc sa deireadh* "he spent his money so that he had nothing in the end".

[1] For relative clauses see Lesson XXVI.

But the tendency is to avoid the subordinate clause by using a verbal noun: *do chonac é agus mé ag imeacht* "I saw him when I was going away" (p. 105); *roimh imeacht dó* "before he went away"; *tar éis imeacht dó* "after he went away"; *chun é a fheiscint* "in order to see it" (p. 115); *toisc é bheith as baile* "because he was not at home".

The co-ordinating conjunctions require no separate treatment, but it will be convenient to list them here:

ach	but	mar	for
agus	and	mar sin féin	even so
idir. . .agus	both . . . and	ná	nor, than
chomh	so, as	nó	or

VOCABULARY

am (aum) m. *time*

amanathar (ă-mònărhăr) *"the day after tomorrow"*

amú (ă-moò) *astray*

áthas (aahăs) m. *joy*

cá bhfios dom? (ko vis dum) *how do I know?*

caoi (kä) f. *opportunity*

ceapaim (kyapim) *I think*

ciall (keeăl) f. *sense*

ciallmhar (keeălvăr) *sensible, wise*

do shíleas (heelăs) *I thought*

éigean (ēgăn) f. *necessity*; is éigean dom *"I must"*

éiríonn leis *he succeeds*

éisteacht (ēshdăcht) vn. *listening, to listen*

fáilte (faalhi) f. *welcome*; cuirim fáilte roimh *I welcome*

féidir (fēdir) *possible*; is féidir liom *I am able*

feitheamh (fihăv) le *awaiting, to await*

fé thráthnóna *by evening*

fómhar (fôr) m. *harvest*

gearán (gi-raàn) vn. *complaining, to complain*

glacaim (glokim) *I take*

mall (maul) *slow*

misneach (mish-nòch) m. *courage*

náire (naari) f. *shame*

puinn (pweeng) *much, many* (only with a negative): níl puinn céille aige *he has not much sense*

sásamh (saasăv) vn. *satisfying, to satisfy*

sioc (shuk) m. *frost*

síol (sheel) m. *seed*

tair (tar) *come!*

teip: do theip orm *It failed* tionóisc (ti-nōshk) f. *accident*
me, I failed   tost (<u>t</u>ös<u>t</u>) m. *silence*

Exercise 37

A. 1. Má chuireann sibh-se an síol, bainfimíd-ne an fómhar.
2. Tair go luath, más féidir leat é! 3. Má thugann tú a ndóthain
le n-ithe dhóibh, beid sásta. 4. Má dheinid a ndícheall,
éireoidh leo, agus mara ndeinid, ní éireoidh. 5. Maran maith
leis dul i dteannta na ndaoine eile, féadfaidh sé dul ann ina
aonar. 6. Más rud é go bhfaca sé an tionóisc, is aige atá a
fhios cad a tharla. 7. Dá bhfaighimís caoi chuige, bheadh
an obair déanta i n-am againn. 8. Dá dtuigfeá i gceart é, do
ghlacfá a chomhairle. 9. Dá mbeadh an lá inné go breá, do
bheimís amuigh sa ghairdín. 10. Má bhíonn an lá amáireach
fliuch, fanfaimíd sa bhaile. 11. Dá mba rud é go mbeadh an
talamh le díol, do cheannóinn é. 12. Dá mba ná beinn ann,
ní fhéadfainn fáilte do chur roimhe. 13. Mara mbeadh go
rabhas ann go luath, ní fheicfinn i n-aon chor é. 14. Conas
a thuigfeadh duine an Ghaeilge mara bhfoghlaimeodh
sé í?

B. 1. Is dócha go mbeidh sioc anocht againn. 2. Cad 'na
thaobh gur chuaigh Seán go dtí an baile mór? 3. Shíl sé go
mb'[1]fhéidir go mbeadh Caitilín ag teacht abhaile. 4. Do
cheapamair ná tiocfadh sí go ceann coicís. 5. Do shíleas-sa
go mbeadh sí anso fé thráthnóna. 6. B'fhéidir go dtiocfadh
sí fós. 7. Cad 'na thaobh nár fhan sí sa bhaile? 8. Deir a
máthair gur deacair í a shásamh. 9. Bhí eagla uirthi go
mbeadh uaigneas ar Mháire. 10. Cá bhfios di go mbeidh
Máire ann roimpi? 11. Do scríobh sí chúithi agus dúirt go
mbeadh sí ag feitheamh léi. 12. Fanfaidh sí go dtí go mbeidh
Caitilín ina teannta. 13. Ba chóir go mbeadh áthas ar
Chaitilín.

14. Ní rabhas i bhfad ann nuair a tháinig uaigneas orm.
15. Theip orm an obair a dhéanamh cé gur dheineas mo

---

[1] The copula is here conditional (p. 52), and the *ro*-form *gurbh* is
not required.

dhícheall. 16. Do chuas go dtí é chun go labharfainn leis.
17. Bhí sé chomh maith aige an obair a chríochnú, ó thos-
naigh sé i n-aon chor. 18. Níor chuas ann toisc go raibh gnó
sa bhaile agam. 19. Bhí sé chomh dorcha gur cheapamair go
raibh an oíche tagtha. 20. Bíonn an fear ciallmhar ina thost
nuair ná bíonn pioc le rá aige.

Exercise 38

A. 1. If you come early tomorrow, I shall give you the money.
2. I should have given it to you yesterday, if you had come
in time. 3. Come if (it is) possible, and if (it is) not (possible),
I shall go to you. 4. If he speaks slowly, perhaps we shall
understand him. 5. If they wish to come, they will be wel-
come, but I shall not ask them to come. 6. Why should they
eat meat, if they prefer fish? 7. If we said that, they would
be very angry. 8. If in fact they said that, they were wrong.
9. If it were not for the fact that I saw him there, I should not
have believed that he was in Dublin. 10. How would they
have heard the story, unless someone told it to them?

B. 1. Why is Martin going to Cork? 2. He thinks that the boat
will be going south a week from to-day. 3. He says he wants
to go (together) with his brother. 4. I know (*tá a fhios agam*)
that he would like to go there, but he must wait till the day
after tomorrow. 5. They are afraid that people will believe
what-(*an rud*) he says. 6. Tell him (*abair leis*) that we shall
wait till he is ready. 7. Why did you not go to school yester-
day? 8. The master says that you were not there. 9. You
ought (say "it would be right") to be ashamed!

10. When he saw the men coming, he stood up to welcome
them. 11. We gave them a meal before they went away.
12. They did not stay long for they were tired. 13. The night
was so dark that we went astray. 14. We did not buy any-
thing because we had no money. 15. Although you have
courage, you have not much sense. 16. The children complain
when they have nothing to do.

LESSON XVII

"Liking", "thinking", "wishing".

We have seen that *tá aithne agam air* means "I know him".
Similar constructions are used for English verbs of liking,
loving, respecting, interest and desire: *tá meas agam air* "I
respect him", *tá cion agam air* "I like him", *tá grá agam di*
(with prep. *do*) "I love her", *bhí trua agam dó* "I pitied him",
tá suim agam ann (with prep. *i*) "I am interested in it", *tá
dúil agam ann* "I have a desire for it".

Some such abstract nouns take the verb *is* (copula) and
the prep. *le*: *is mian leis* "he wishes"; *is trua liom é* "I think
it a pity"; *is dóigh liom* "I think it probable", "I think"; and
so with adjectives: *is maith liom é* "I like it"; *is mór liom é*
"I think it too much"; *ní beag liom é* "I think it enough";
is fada liom é "I think it too long"; *is cuma liom* "I do not
care" ("I think it equal").

This construction (*is . . . le*) expresses *opinion* ("thinking").
The preposition *do* is used instead of *le* to state a *fact*. Note
specially *ní miste liom* "I do not mind", "I think it no harm",
which occurs only in the negative and interrogative; and *ní
miste dhom* "I may as well" ("it is no harm for me"). So also
ní mór dom "I must"; *ní foláir dom* "I must" ("it is not excess
for me"); *ní beag dom é*, or *is leor dom é* "it is enough for
me".

So you can say *b'fhada liom fanúint leis* "I thought it (too)
long to wait for him"; *ní mór liom duit é* "I do not grudge it
to you". Similarly *is áil liom* "I wish"; *sin é dob áil liom do
rá* "that is what I wanted to say".

You have had two simple verbs for "to think", *ceapaim*
and *sílim*: *ceapann Seán* (or *is dóigh le Seán*) means "John
thinks". Note that in West Munster *sílim* is not used in the
present tense.

VOCABULARY

a laghad san (leeăd) *so little*

bás (baas) m. *death*

beagán (byă-gaàn) m. *a little*

cathain? (kă-hìn) *when?*

canad (= cé an áit)? *where?*

cé acu? (kyukă) *which (of them)?*

cíos (kees) m. *rent*

cuimhne (keeni) f. *memory*; cuirim i gcuimhne (do) *I remind*

cuma *equal*

dearmhad (da-roòd) m. *forgetting, to forget*

eagal (ogăl); is eagal liom *I fear*

éigin (ēgin) *some*

féar (feear) m. *grass, hay*

fearr (faar) *better*; is fearr liom *I prefer*

feirm (ferim) f. *farm*

fírinne (feeringi) f. *truth*

fuair sé bás *he died*

gá (gaa) m. *need*; tá gá le tine *there is need of a fire*

ionadh (oonă) f. *wonder*; dob ionadh leis *he wondered*

leor (lyōr) *enough*

maith: ba mhaith liom *I would like*

mar gheall ar (youl) *about, on account of*

moill (mweel) f. *delay*; moill do chur ar *to delay*

saghas (says) m. *sort*

tart (tòrt) m. *thirst*

tuillim (tilim) *I earn, I deserve*

ubh (öv) m. *egg*; pl. uibhe (ee)

Exercise 39

1. Cad ba mhaith leat i gcóir do dhinnéir? 2. An bhfuil dúil agat i n-iasc? 3. Níl; is fearr liom uibhe i n-éineacht leis na prátaí. 4. An bhfuil an t-im ar an mbord? 5. Is eagal liom ná fuil. 6. Dheineas dearmhad ar é[1] a cheannach agus mé sa tsiopa[2]. 7. Is trua liom nár chuireas i gcuimhne dhuit é ach ní fhaca thú sarar imís.

8. Ar mhiste leat an fhuinneog a dhúnadh? 9. Níor mhiste, ach ní féidir liom é. 10. Ní miste dhúinn beagán oibre a

---

[1] Note that the phrase *é a cheannach* remains after the preposition: the prepositional pronoun is not used.

[2] See p. 96.

dhéanamh. 11. An dóigh leat go mbeidh sé fuar um thráth-
nóna? 12. An mbeidh gá le tine againn? 13. Ní bheidh. Is
cuma liom-sa mar gheall ar an bhfuacht.

14. An bhfuil eolas na háite seo go maith agat? 15. Tá go
deimhin, ach níl a fhios agam cá bhfuil an t-ospidéal. 16.
Féadfaidh mé é a fhiafraí de dhuine éigin. 17. Bhí aithne
agam ar dhochtúir a bhí ann, ach fuair sé bás anuraidh.
18. Bhí ana-mheas ag gach aon duine air, agus bhí san
tuillte go maith aige. 18. Do dheineadh sé a dhícheall don
té a bheadh breoite, agus níor mhór le haon duine dhó an
t-airgead d'iarradh sé.

Exercise 40

1. I would like to write a letter, but I cannot find a pen. 2.
My father bought one for me, but I have lost it. 3. You might
as well buy another. 4. One is enough for me. 5. I think it too
long to wait until I find (fut.) it again. 6. They wondered
that we were so tired. 7. Which do you prefer, tea or milk?
8. I do not care. 9. Any sort of drink will take my thirst away.

10. We shall all die, but we do not know when or where.
11. The doctor likes to do his best for us all. 12. He does not
mind waiting for you. 13. We think it a pity to delay him.
14. Would you mind closing the door? 15. No, but I do not
think it is open. 16. Does Michael like fish for supper? 17. I
do not know. I prefer eggs.

18. Do you know where the station is? 19. No, but I can
(fut.) ask (it of) the guard. 20. He knows the town well.

LESSON XVIII

Weak Plurals and Irregular Nouns

The regular plurals in the last three declensions have been
studied in connection with Lesson XI (Appendix pp. 193-6).
Some plural endings have the advantage that they are dis-
tinctive and cannot be confused with any form of the
singular, because they are extra syllables. They have the
further advantage that they remain in the genitive, *-ibh*
being added for the dative case, insofar as the dative survives.
These endings, which are regular for some declensions, tend
to spread to others, and are called "weak" endings.

(i) -tha (-ta), -the (-te)[1]

This ending is regular in the third and fourth declensions.
It has spread to nouns of the first and second, namely to
some nouns ending in *l*, *n*, *r*:

I *seol* "sail", pl. *seolta*; *scéal* "story", *scéalta*; *cuan* "bay,
harbour", *cuanta*; *líon* "net", *líonta*; *muileann* "mill",
muilte; *glór* "voice", *glórtha*. And note *céad* "hundred",
céadta.

II *coill* "wood", *coillte*; *buíon* "group" "troop", *buíonta*;
pian "pain", *pianta*; *slinn* "slate", *slinnte*; *spéir* "sky",
spéartha; *tír* "country", *tíortha*.

(ii) -(e)anna, -anta

The ending -(*e*)*anna* is common to all declensions except
the first. There is a form -*anta* which is to be distinguished
from it. It occurs notably in words expressing time: *bliain*

[1] After *d*, *n*, *t*, *l*, *s* the *th* becomes *t*.

"year", pl. *blianta*; *uair* "time", *uaireanta*; *am* "time", *amanta*; *lá* "day", *laetheanta*; *oíche* "night", *oícheanta*. Note also *aithne* "commandment", *aitheanta*.

(iii) -acha

This ending is common to the third and fifth declensions, and it tends to spread to nouns of the first and second, and also within the others:

I *clár* "board", pl. *cláracha*; *tobar* "well", pl. *toibreacha*.

II *áit* "place", pl. *áiteanna* is normal, but *áiteacha* is also used; *craobh* "branch", pl. *craobhacha*; *préamh* "root", pl. *préamhacha*. Note *ainm* "name", pl. *ainmneacha*.

(iv) -í

This ending is regular in the third and fourth declensions, and has also spread as a weak ending. In the first declension *cogadh* "war" and *margadh* "market" which end phonetically in a short vowel (cogă, marăgă) form the pl. *cogaí, margaí*. And note *leanbh* "child", pl. *leanaí* (old spelling *leanbhaí*).

Some nouns of the second declension which end in a slender consonant form this plural: *abairt* "saying, sentence", *abairtí*; *óráid* "speech", *óráidí*; *tuairim* "opinion", *tuairimí*. Also *pingin, scilling* and *seachtain* except after numerals.

In the spoken language, plurals in *-íocha* are often heard, where *-acha* has been added to *-í*, so that you have a double plural: *crannaíocha* "trees", beside *crainn, crainnte*. Many nouns have alternative plural forms: *áiteanna* and *áiteacha* are both common as plural of *áit* "place". In general it may be said that plural forms in Irish are much freer than in English. As pl. of *óráid* "speech", *óráidí, óráideanna, óráideacha, óráidíocha* would all be understood, and none of them would be shocking to a native speaker.

The following nouns are irregular:

Nom.	Gen.	Dual	Pl.	G. Pl.
bean f. *woman*	mná (dat. mnaoi)	dhá mhnaoi	mná	ban
bó f. *cow*	bó	dhá bhoin	ba	bó
bráthair m. *brother* (religious)	bráthar	dhá bhráthair	bráithre	bráthar
caora f. *sheep*	caorach	dhá chaora	caoirigh	caorach
cara m. and f. *friend*	carad		cairde	carad
codladh m. *sleep*	codlata			
dia m. *god*	dé		déithe	déithe
duine m. *person*	duine		daoine	daoine
gnó m. *business, use*	gnótha		gnóthaí	gnóthaí
lá m. *day*	lae	dhá lá	laetheanta	laetheanta
leabaidh f. *bed*	leapa, leapan	dhá leabaidh	leapacha	leapacha
sliabh m. *mountain*	sléibhe	dhá shliabh	sléibhte	sléibhte
talamh m. and f. *land*	tailimh, talún		tailte, talúintí	tailte, talúintí
tigh m. *house*	tighe (tí)	dhá thigh	tighthe (tithe)	tighthe (tithe)
ubh m. *egg*	uibh	dhá ubh	uibhe	ubh

The conjunction *agus* is commonly used to introduce a clause which in English would be introduced by "when" or "as": "I saw him as I was coming out" (*Do*) *chonac é agus mé ag teacht amach*; "I met him as I was on my way home" *Do bhuail sé umam agus mé ar mo shlí abhaile.* Notice that the verb "to be" is not expressed in the co-ordinate clause. Similarly: *bhíodar ina suí i dteannta a chéile agus iad ag caint* "they were sitting together talking", where English has merely the participle in apposition.

The same construction may have other shades of meaning, e.g. *fuair sé bás agus é cutosach óg* "he died (while) fairly young"; *ná fuil do dhóthain cheana agat agus gan bheith ag lorg tuilleadh?* "have you not enough already, without asking for more?" and clearly disjunctive, *do labhair sé liom as Béarla agus a fhios aige ná raibh aon Bhéarla agam* "he spoke to me in English though he knew I had no English".

When the logical object of a verbal noun is a noun, it appears in the genitive case (except in the bracketed construction (see p. 79)): *tá sé ag insint scéil* "he is telling a story" (p. 44). When this object is a phrase, it is anticipated by a proleptic possessive *a* preceding the verbal noun: *ar mhiste a fhiafrai dhíot cad é an t-aos tú?* "Would it be any harm to ask your age?" (lit. "its asking"); *is deacair a rá cé acu is fearr* "it is hard to say which is best" (lit. "its saying").

VOCABULARY

aithním (an-heèm) *I recognise*

aníos (ă-neès) *up*

bairille (borili) m. *barrel*

buíon (bweeăn) f. *class*

ceist (kesht) f. *question*

cóir (kōr) f. *provision, favourable wind*

craobh (kräv) f. *branch*

cró (krō) m. *byre*

crochta (krōchdă) *set (of sails), aloft*

cruach (krooăch) f. *rick*

cuan (kooăn) m. *harbour;* Cuan Dor *Glandore Harbour*

cúnamh (koonăv) m. *help*

cúntóir (koon-tōr) m. *assistant*

díol (deel) vn. *selling*

Dún na Séad (doonă sheead)
Baltimore

éirí (ay-reè) m. *rising*; le
héirí gréine *at sunrise*

fé cheann (fä-chyoùn) *within*
(of time)

foláir (fă-laàr): ní foláir *one
must* (lit. *it is not too much*)

gabhaim (goum) *I take, I go*;
ghaibh sé *he went*

gaoth (gäh) f. *wind*

grian (greeăn) f. *sun*

iarthar (eeărhăr) m. *the west*

iascach (eeăsgăch) m. *fishing,
to fish*

lá (laa) m. *day*

leisce (leshgi) f. *laziness,
unwillingness*; tá leisce air
he is loth

linn (leeng): le linn *during*

líon (leen) m. *net*

mair_créal (mar-krēl) m.
mackerel

mó, an mó? *how many?*
(followed by a noun in the
singular, p. 125)

mórthimpeall (mooăr-
heèmpăl) *all around*

Oileán Cléire (i-laàn klēri)
Cape Clear Island

Ó Súilleabháin (ō-soòlăvaan)
O'Sullivan

Ó Séaghdha (ō-shē) *O'Shea*

paróiste (prōshdi) f. *parish*

post (pöst) m. *post, position*

praghas (prays) m. *price*

préamh (preeav) f. *root* (pl.
préamhacha)

scadán (sgă-daàn) m. *herring*

scaoilim *I let go, I let loose*

seol (shōl) m. *sail*

sliabh (shleeăv) m. *mountain*

stoirm (sderim) f. *storm*

taobh (tăv) m. *side*; taobh
thall de *beyond*; taobh
theas *south*; taobh istigh
within

tairgim (tarigim) *I draw*

treo (trō) m. *direction, place*;
i dtreo *in order, ready*

tugaim fé ndeara *I notice*

tuairim (tooărim) f. *opinion*

Exercise 41

(Weak plurals, irreg. nouns and revision of irreg. verbs)

1. Nuair a chuaigh sé amach ar maidin, do dhein sé dear-mhad ar an ndoras a dhúnadh. 2. Níor aithníos an máistir nuair a chonac ag an stáisiún é. 3. Ní fhacaís-se i n-aon chor é 4. Do chuireas ceist chuige agus níor fhéad sé í a fhrea-gairt. 5. Cad d'fhiafraís de? 6. Do bhí ceisteanna agam le cur chuige mar gheall ar na scoileanna. 7. Deir daoine go bhfuil na buíonta ró-mhór, agus nach foláir dúinn tuilleadh

múinteoirí a thabhairt isteach chun na hoibre a dhéanamh.
8. An mó scoil atá ann? 9. Tá dhá cheann, ceann i gcóir na
mbuachaillí agus ceann i gcóir na gcailíní. 10. Is deacair
múinteoirí d'fháil na laetheanta so. 11. Tá cairde agam-sa
agus ba mhaith leo bheith ina múinteoirí. 12. Iarr orthu
scríobh chúm i n-ainm Dé, mar beidh postanna agam
dóibh.

13. Is olc an chomhairle comhairle mhná. 14. Do bhí ba
agus caoirigh le díol againn an tseachtain seo ghaibh
tharainn, agus bhí leisce ar mo mhnaoi iad a scaoileadh
uaithi gan praghas maith d'fháil. 15. Cloiseann na mná an
iomad scéalta agus an iomad tuairimí. 16. Tá coillte breátha
ar na sléibhte. 17. Do thit cuid desna crainn le linn na
stoirme. 18. Tá na préamhacha aníos as an dtalamh agus
craobhacha briste ar chrainn mórthimpeall orthu. 19.
Chonaiceamair iad agus sinn ag teacht ón mbaile mór.
20. Bíonn báid iascaigh ag teacht isteach i gcuantaibh
iarthair Chorcaí le maircréil sa tsamhradh agus le scadáin sa
bhfómhar. 21. Bíonn na seolta crochta orthu chun dul
amach arís tar éis lae a chaitheamh i gCuan Dor nó i nDún
na Séad, agus na líonta i dtreo.

Exercise 42

1. We went out in a fishing boat from Glandore yesterday.
2. There were three sails on her, and we had a fair wind. 3.
She was south of Cape Clear Island within two hours. 4. The
fishermen put out the nets, and then we ate supper. 5. We
all slept until morning, and at sunrise they drew in the nets.
6. We had six barrels of herring to bring home.

7. There are three schools in this parish and six classes in
each school. 8. Who are the teachers in the new school?
9. Michael O'Sullivan is the head-master, and he has James
O'Shea as assistant. 10. Did you notice the big trees beside
the road as you came from Mass? 11. Two of them fell last
night and there are branches broken on the others. 12. We
shall have firing (*abhar tine*) for the winter without buying

any coal. 13. Everyone has stories about the storm. 14. There are boats without sails in the harbours. 15. We shall get help from the neighbours to bring in the sheep. 16. The cows were in before the wind rose. 17. Where is the cow-byre? 18. It is beyond the turf-rick.

LESSON XIX

Passive and Impersonal

Passive-Impersonal Forms of Regular Verbs

First Conjugation

Present	dúntar	buailtear
Past	do dúnadh[1]	do buaileadh[1]
Imperfect	do dúntaí	do buailtí
Future	dúnfar	buailfear
Conditional	do dúnfaí	do buailfí
Present Subjunctive	dúntar	buailtear
Past Subjunctive	dúntaí	buailtí
Imperative	dúntar	buailtear

Second Conjugation

	(a)	(b)
Present	cruinnítear	osclaítear
Past	do cruinníodh[1]	do hoscladh[1]
Imperfect	do cruinnítí	do hosclaítí
Future	cruinneofar	osclófar
Conditional	do cruinneofaí	do hosclófaí
Present Subjunctive	cruinnítear	osclaítear
Past Subjunctive	cruinnítí	osclaítí
Imperative	cruinnítear	osclaítear

In every tense of the verb there is a passive and impersonal form which has neither person nor number. There is thus

---

[1] The ending -(e)adh is here pronounced -ăg in Cork and -ăch in Kerry.

only one form for each tense. As the form occurs in both transitive and intransitive verbs, it is best described as passive-impersonal. *Buailtear é (í)* "he (she) is struck"; *buailtear iad* "they are struck"; *do buailtí é (í, iad)* "he (she, they) used to be struck"; *buailfear é (í, iad)* ". . . will be struck"; *do buailfí é (í, iad)* ". . . would be struck"; *do buaileadh é (í, iad)* ". . . was struck"[1]. But the verb *téim* "I go" also has these forms: *téitear ann gach Domhnach* "people go there every Sunday"; *do téití go minic ann fadó* "long ago people used often to go there", and so on for any intransitive verb, as occasion may arise. Even the verb *tá* has impersonal forms: *táthar ag déanamh bóthair nua* "they are making a new road", "a new road is being made"[2]; *sara mbeifí ag magadh fé* "lest people should make fun of him"; *ní mar a síltear a bítear* "things are not as they seem". This form corresponds to the English use of "one" (French *on*, German *man*) in "one likes", "one fears", "one sees", "one sleeps", etc.: *téitear i dtaithí ar gach rud leis an aimsir* "one gets accustomed to anything with time."

Note that the initial consonant of the passive-impersonal is not aspirated after rel. *a*, nor in the imperf., past and conditional after *do* (which may be omitted) and that an h- is prefixed to initial vowels. The negative particle before the past tense is *níor* which behaves like *do*: *do hóladh ar fad é* "it was all drunk"; *do hití an iomad* "too much used to be eaten"; *níor hóladh é* "it was not drunk"; *ní hití é* "it used not to be eaten"; *do híosfaí é* "it would be eaten". After *ní* aspiration is now the common usage: *ní bhuailtear, ní bhuailtí, ní bhuailfear, ní bhuailfí*; and colloquially it may be heard in the other positions.

Six of the eleven irregular verbs form the preterite passive in *-thas*:

---

[1] Note form of pronoun.
[2] The commoner construction here, however, is *tá bóthar nua dá dhéanamh*, where *bóthar* is the subject, and an agent may be expressed with the preposition *ag*: *tá bóthar nua dá dhéanamh acu* "they are making a new road" (Lesson XXVII).

Pret. pass.

	Absolute	Dependent
chím "*I see*"	chonaictheas	facthas
gheibhim "*I get*"	fuarthas	
téim "*I go*"	chuathas	
tagaim "*I come*"	thánathas	
cloisim "*I hear*"	chualathas	
táim "*I am*"	bhíothas	rabhthas

With *facthas*, *fuarthas* and *rabhthas* the particles *an*, *go*, *ná* and *ní* do not take *ro* (cf. p. 89), and *facthas* suffers aspiration, *fuarthas* eclipsis after *ní* (cf. p. 85).

This preterite passive must be distinguished from the 1 sg. preterite of the active voice, where the ending is -*as* (not -*thas*).

VOCABULARY

beithíoch (be-heèch) m. *beast*; pl. beithígh (be-heèg) *cattle*

bréag (breeag) f. *a lie*

Cill Mo Bhí (keelmă-veè) *Kilmovee*

díobháil (dee-vaàl) f. *harm*

dúradh (doorăg) leo *they were told*

éad (eead) m. *jealousy*

eagla: le heagla go *for fear that, lest*

Gaeltacht (gältăcht) f. *the Irish-speaking country*

glacaim (glokim) le *I accept*

go brách (gă-braàch), go deo (gă-dyō) *ever* (in the future)

leathar (lahăr) m. *leather*

léann (lēn) m. *learning*

leithéid (li-hēd) f. *the like*; such a thing; a leithéid *the like of it*

magadh (mogă) fé *mocking, to mock, make fun of*

maraím (mo-reèm) *I kill*

mar ba cheart *properly*

páirc (paark) f. *field*

plúr (ploor) m. *flour*

riamh (reeăv) *ever* (in the past)

sáraím (saa-reèm) *I contradict, prove wrong*

seanfhocal (shanăkăl) m. *proverb*

séipéal (shē-pēl) m. *chapel*

stróinséir (sdrōn-shēr) m. *stranger*

tábhairne (taarni) m. *public-house*

teacht (tacht) vn. *coming*

thíos (hees) *below, down*

thuas (hooăs) *above, up*

ualach (ooălăch) m. *burden*

Exercise 43

A. 1. Dúntar an doras gach tráthnóna. 2. Do buailtí iad. 3. Raghfar. 4. Gheofaí an t-airgead. 5. Do briseadh na huibhe. 6. Deintear arán de phlúr. 7. Buailtear an coirce le súiste. 8. Do crúdh na ba. 9. Chonaictheas na daoine. 10. Do scaoiltí amach iad.

B. 1. Do scaoileadh amach na ba agus tugadh isteach na capaill as an bpáirc. 2. Cathain a cuirfear na muca go dtí an t-aonach? 3. Téití go Cill Mo Bhí chun an Aifrinn fadó, ach tá séipéal againn ar an mbaile seo anois. 4. Ní fhacthas a leithéid riamh. 5. Dúradh leo dul chun cainte leis an stróinséir. 6. Cad 'na thaobh nár hinseadh dom go rabhais anso? 7. Dá gceilfí an fhírinne, b'fhéidir go neosfaí bréag. 8. D'fhan sé sa bhaile sara mbeifí ag magadh fé. 9. Dúradh leis na páistí gan dul i n-aice na habhann. 10. Do hiarradh orthu teacht abhaile chun a ndinnéir. 11. Tar éis mo dhíchill ní bhítear buíoch díom. 12. Is seanfhocal é: "an té atá thuas óltar deoch air agus an té atá thíos buailtear cos air." 13. Ní féidir an seanfhocal do shárú.

Exercise 44

A. 1. It was sold. 2. They were bought. 3. We would be killed. 4. She was not seen. 5. The money was lost. 6. The books will be found. 7. (People) came. 8. The dogs were let loose.

B. 1. Shoes are made of leather. 2. They used to be made of wood long ago. 3. People sometimes go to the public-house after the fair. 4. Those men were never seen before that. 5. We were told to come here after dinner. 6. When will those cattle be sold? 7. If you do that, people will say that it was through jealousy you did it. 8. Why are people always complaining? 9. If the story had been told properly there would have been no harm in it. 10. The like of it will never be seen again. 11. They say that "learning is no burden to a man". 12. When were you told that? 13. It is a proverb that is often heard in the Gaeltacht.

Exercise 45

Exercise in Irregular Verbs

1. They shall see. 2. You (pl.) saw. 3. I would see. 4. We shall go. 5. They came. 6. Would you (sg.) go? 7. Did he say? 8. We shall come. 9. They would not see. 10. You (sg.) would say. 11. They said. 12. I shall hear. 13. Did you (pl.) hear? 14. I do not see. 15. We get. 16. We got. 17. Do you (sg.) get? 18. I shall get. 19. I shall not get. 20. They said that you would not get it, but I hear that you will.

LESSON XX

Irregular Formation of the Verbal Noun.

Syntax of the Verbal Noun.

We have seen (p. 44) that verbs of the first conjugation normally form the verbal noun by adding *-adh* (*-ă*) to the stem (*-eadh* if the stem ends in a slender consonant); *dúnaim* "I shut", vn. *dúnadh*; *millim* "I destroy", vn. *milleadh*.[1]

Verbs of the second conjugation (a) change the *-i* of the stem to *-(i)ú* or (b) add *-t* to *il, in, ir*; (a) *diúltaim* "I refuse", vn. *diúltú*; *cruinnim* "I collect", vn. *cruinniú*; (b) *cimlim* "I rub", vn. *cimilt*; *seachnaim* "I avoid", vn. *seachaint*; *fógraim* "I announce", vn. *fógairt*; *labhraim* "I speak", vn. *labhairt*; *insim* "I tell", vn. *insint* (irreg.). See p. 67.

There are also irregular formations which must be learned for each verb. (i) Some verbs use the stem as verbal noun: *ceanglaim* "I bind", vn. *ceangal*; *cuirim* "I put", vn. *cur*; *fásaim* "I grow", vn. *fás*; *machnaim* "I consider", vn. *machnamh*[2]; *ólaim* "I drink", vn. *ól*; *rithim* "I run", vn. *rith*; *siúlaim* "I walk", vn. *siúl*; *snámhaim* "I swim", vn. *snámh*.

(ii) Some verbs add *-úint* to the stem: *caillim* "I lose", *cailliúint*; *creidim* "I believe", *creidiúint*; *fanaim* "I wait, stay", *fanúint*; *leanaim* "I follow", *leanúint*; *scaraim* "I separate, part from", *scarúint*. (These words are stressed on the second syllable, p. 11).

(iii) Vn. in *-int*: *cloisim* "I hear" vn. *cloisint*; *fágaim* "I

---

[1] *buailim* "I strike" has vn. *bualadh* with broad *l*.

[2] Some verbs with stems ending in a broad consonant form the 3 sg. past (and 2 sg. imperative) with a slender final: *do cheangail sé, do mhachnaimh sé.*

leave" vn. *fágaint*; *féachaim* "I look", vn. *féachaint*; *ligim* "let", vn. *ligint*; *tuigim* "I understand", vn. *tuiscint* (irreg.); *chím* "I see", vn. *feiscint* (irreg.).

(iv) Vn. in -*amh*: *caithim* "I spend, am obliged to (do)", vn. *caitheamh*; *deinim* "I do", vn. *déanamh*; *léim* "I read", vn. *léamh*; *maithim* "I forgive", vn. *maitheamh*; *sásaim* "I satisfy", vn. *sásamh*; *seasaim* "I stand", vn. *seasamh*; *tuillim* "I earn", vn. *tuilleamh*. *Feitheamh* "to await" occurs only as a vn.

(v) Vn. in -*áil*; *gheibhim, faighim* "I get", vn. *fáil*; *gabhaim* "I take", vn. *gabháil*.

Téim "I go", vn. *dul*; *tagaim* "I come", vn. *teacht*.

The commonest uses of the verbal noun correspond (a) to the English present participle (p. 44) and (b) to the infinitive (p. 79). These are by now familiar. Other uses are as follows:

(a) Purpose is expressed by the prep. *chun* "towards" with a verbal noun construction: *bhíos chun dul ann* "I intended to go there"; *chuaigh sé ann chun féir do bhaint* "he went there to cut hay". The noun may be nominative or genitive after *chun* in this construction (p. 79).

(b) The preposition *le* "with" is used in the construction: *tá litir le scríobh agam* "I have a letter to write"; *tá bó le díol agam* "I have a cow to sell" (p. 84).

(c) The verbal noun sometimes occurs in the genitive case, which generally has the same form as the past participle (p. 41). The commonest use is when the vn. in the genitive depends upon an agent-word in the nom.-acc.: *fear déanta bróg* "shoemaker" (lit. "man of making of shoes"); *lucht díolta an éisc* "the people who sell fish"; *lucht léite páipéar* "people who read newspapers". However, the colloquial form is rather: *fear bróg do dhéanamh, lucht éisc do dhíol, lucht páipéar do léamh*.

VOCABULARY

áit: i n-áit éigin eile *somewhere else*

thar n-ais (hor-nàsh) *back*

ceánnaí (ka-neè) m. *buyer*

cois (kösh) *beside*, c. gen.

ceannach (kyă-nòch) vn. *buying, to buy*

dearmhadaim (da-roòdim) *I forget*; ná dearmhad (da-roòd) *don't forget*

deireadh (deri) m. *end*

deacair (dyökir) *difficult*

fágaint (faagint) vn. *leaving, to leave*

fliuch (fluch) *wet*

glaoch (gläch) *calling, to call*; glaoch chun *to call upon, visit*

gnó (gnō) m. *business*

ionadh (oonă) f. *wonder*

lá saoire (laa-seèri) m. *holiday*

Peadar (padăr) *Peter*

pioc (pyuk) *nothing*

seachaint (shachint) vn. *avoiding, to avoid*

siúcra (shookiri) m. and f. *sugar*

sroisim (srōshim) *I reach, arrive at*

stáisiún (sdaa-shoòn) m. *station*

tabhairt (toort) vn. *bringing, to bring*

tagtha (togăhi) *come* (partic.)

Exercise 46

1. D'iarramair uirthi fanúint linn. 2. Dúrabhair liom gan teacht. 3. Is deacair é sin do chreidiúint. 4. Ba mhian leis an gceannaí an capall do cheannach uaim. 5. Thánadar anso chun airgid do bhailiú. 6. Is mór an trua an lá do bheith chomh fliuch. 7. Nach mór an ionadh gan iad do bheith tagtha? 8. B'fhearr dosna páistí an tarbh do sheachaint. 9. Chuadar go Corcaigh chun an lá saoire do chaitheamh ann. 10. Tá an sean-duine ina shuí cois na tine. 11. Iarrfaimíd air scéal d'insint. 12. Tiocfaimíd thar n-ais oíche éigin eile chun deireadh an scéil do chloisint. 13. Beidh mo mháthair ina codladh nuair a shroisfimíd an baile. 14. Dhearmhadamair an t-airgead do thabhairt linn.

Exercise 47

1. They will be going to Killarney tomorrow. 2. I asked them to buy me (for me) sugar and flour. 3. We shall be waiting for them at the station. 4. I told them not to call on my brother, for he is away (*as baile*). 5. When you are (fut.) coming back, do not forget to bring Peter and Sheila with you. 6. The buyer has come (say "is come") to look at the horse. 7. Is it not a pity that my father is not here to meet him (say "before him")? 8. I should not like to sell the horse without his being there. 9. I shall tell the buyer to come some other day. 10. Perhaps he has business to do somewhere else. 11. We asked the old man to tell us a story, but it was very long and we did not wait to hear the end of it (say "its end"). 12. The people of the house were asleep when we reached home.

LESSON XXI

The Adjective. Irregular Verbs: "bear"; "give"; "do"; eat".

We have seen (p. 58) that an attributive adjective follows
the noun and agrees with it in gender, number and case.
A predicative adjective is indeclinable (p. 27). There are
four classes, or declensions, of adjectives, and they present
no difficulty, once the declensions of nouns have been
learned:

1. Adjectives ending in a broad consonant are declined like
nouns of the first declension in the masculine singular, and
like nouns of the second declension in the feminine singular.
The nom-acc. and dative plural are formed by adding -a.[1]
The gen. pl. is the same as the nom. sg.

Masculine

	Singular	Plural
N-A	fear mór	fir mhóra
G	fir mhóir	fear mór
D	fear mór	fearaibh móra
V	a fhir mhóir	a fheara móra

Feminine

	Singular	Plural
N-A	cloch mhór	clocha móra
G	cloiche móire	cloch mór
D	cloich mhóir	clochaibh móra
V	a chloch mhór	a chlocha móra

2. Adjectives ending in a slender consonant (except those in
-úil and cóir "just", deacair "difficult", socair "quiet") are
indeclinable in the singular, except for the genitive sg. fem.
which is formed by adding -e. The nom-acc. and dat. pl. are

[1] uasal "noble" makes the pl. in -e with syncope, uaisle.

118

the same as the gen. sg. fem. The gen. pl. is the same as the nom. sg.

Masculine

	Singular	Plural
N-A	fear maith	fir mhaithe
G	fir mhaith	fear maith
D	fear maith	fearaibh maithe
V	a fhir mhaith	a fheara maithe

Feminine

	Singular	Plural
N-A	cloch mhaith	clocha maithe
G	cloiche maithe	cloch maith
D	cloich mhaith	clochaibh maithe
V	a chloch mhaith	a chlocha maithe

3. Adjectives in *-úil* and *cóir, deacair, socair* are indeclinable in the sg. except for the genitive sg. fem. which is formed by adding *-a* (*-úla*). The pl. form is the same as the gen. sg. fem. The ending *-úil* corresponds to the -ly of English "manly", and is added to nouns to form adjectives: *fearúil* "manly", *laethúil* "daily", *tráthúil* "timely", etc.

fear flaithiúil "a generous man"
Masculine

	Singular	Plural
N-A	fear flaithiúil	fir fhlaithiúla
G	fir fhlaithiúil	fear flaithiúil
D	fear flaithiúil	fearaibh flaithiúla
V	a fhir fhlaithiúil	a fheara flaithiúla

bean fhlaithiúil "a generous woman"
Feminine

	Singular	Plural
N-A	bean fhlaithiúil	mná flaithiúla
G	mná flaithiúla	ban flaithiúil
D	mnaoi fhlaithiúil	mnáibh flaithiúla
V	a bhean fhlaithiúil	a mhná flaithiúla

4. Adjectives ending in a vowel are indeclinable in singular and plural, except *breá* "fine", gsf. and pl. *breátha* and *te* "hot", gsf. and pl. *teo*.

There is no separate dual form of the adjective, and the plural is used: *an dá choin mhóra* "the two big hounds".

Where two adjectives are joined by "and" in English, the conjunction is omitted in Irish: *tá sé mór láidir* "he is big and strong".

You have learned (p. 30), that the prefix *ana-* means "very". English "too", as in "too good", "too young" is expressed by the prefix *ró-* which aspirates: *ró-mhaith, ró-óg; ró-fhada* "too long" ; *ró-luath* "too early", "too soon". The adjectives *dea-* "good", *droch-* "bad", occur only as prefixes[1]: *dea-scéal* "good news"; *droch-chomhairle* "bad advice".

Note the prefixes *so-* "good" and *do-* "bad" which are used with a few participles, e.g. *so-bhlasta* "good to taste", *so-thógtha* "easy to rear (of cattle)"; *do-líonta* "hard to fill", *do-shásta* "hard to satisfy".

Comparison of Adjectives

There are three degrees of comparison as in English "long", "longer", "longest". But the *form* of the regular comparative and superlative is the same. In the first and second declensions -*e* is added, so that the form is the same as the gen. sg. f.: *glan* "clean", *glaine*; *daingean* "firm", *daingne*. Adjectives in -*úil* (third declension), and the words *cóir, deacair* and *socair* form the comparative-superlative by adding -*a*: *fearúil, fearúla*; *cóir, córa*; *deacair, deacra* (with syncope). Most adjectives of the fourth declension are unchanged: *cneasta* "gentle", *cneasta*; *dorcha* "dark", *dorcha*; *simplí* "simple", *simplí*. *Fada* "long" and *gránna* "ugly" change the final -*a* to -*e*: *faide, gráinne*.

The difference between comparative and superlative is in the *syntax*. The comparative may be expressed with either

[1] For sean(a)- "old" see p. 42.

is or *tá,* and the following phrases should be memorised (*ná* means "than"):

is sine Seán ná Séamas
tá Seán níos sine ná Séamas $\Big\}$ "John is older than James".

When *tá* is used, the particle *níos* precedes the comparative. This particle contains *is,* so if the verb "to be" is past or conditional, the particle is often changed to *ní ba: bhí Seán ní ba shine ná Séamas.*

The superlative may be expressed only with *is,* and takes a relative clause (see Lesson XXVI): *is é Seán an té is sine* "John is the eldest" (or "the older") (lit. "it is John who is oldest"); *an fear is sine* "the oldest man" (lit. "the man who is oldest"); *sin é is fearr leo* "that is what they like best".[1] But *is fearr leo é seo ná é siúd* "they like this better than that".

The verb *beirim* "I bear" is irregular:

Present	Imperfect	Past
beirim	do bheirinn	do rugas

Future	Conditional	Participle	Verbal Noun
béarfad	do bhéarfainn	beirthe	breith

The verb *bheirim* "I give" is irregular, and has distinct absolute and dependent forms except in the past tense.

	Present	Imperfect	Past
Abs.	bheirim	do bheirinn	do thugas
Dep.	tugaim	tugainn	

	Future	Conditional	Participle	Verbal Noun
Abs.	bhéarfad	do bhéarfainn	tugtha	tabhairt
Dep.	tabharfad	tabharfainn		

In conversation the dependent forms of this verb are commonly used for absolute.

[1] Only the context decides whether the meaning is comparative or superlative in these phrases: *an fear is sine,* may be said of the older of two men; *sin é is fearr leo* may mean "that is what they prefer". But *is sine Seán ná Séamas* can only be comparative: "John is older than James".

The verbs *deinim* "I do", "I make" and *ithim* "I eat" are irregular only in the future and conditional:

Future:	déanfad "I shall do"	íosfad "I shall eat"
Conditional:	do dhéanfainn	d'íosfainn
Participle:	déanta	ite
Verbal Noun:	déanamh	ithe

VOCABULARY

airím (a-reèm) *I hear*

amhras (aurăs) m. *doubt*

arbhar (o-roòr) m. *corn*

aréir (ă-rēr) *last night*

beagnach (byög-naàch) *almost*

binn (beeng) *sweet* (of music)

bóithrín (bōr-heèn) m. *lane*

buan (booăn) *lasting, durable*

cá (kaa) *where?* cár before a past tense

caol (käl) *narrow*

casúr (ko-soòr) m. *hammer*

císte (keeshdă) m. *cake*

citeal (ki̯ăl) m. *kettle*

compordach (koom-pōr̠dăch) *comfortable*

cosúil (kŏ-soòl) *like*

daingean (d̠angăn) *firm*

daor (d̠är) *dear* (of price)

dearg (darăg) *red*

deirfiúr (dră-foòr) f. *sister*

dubh (d̠uv) *black, dark*

éadrom (eeă̯drăm) *light* (of weight)

folamh (fölăv) *empty*

fuar (fooăr) *cold*

gann (gaun) *scarce*

garbh (gorăv) *rough*; compar. gairbhe (go-reè)

geal (gyal) *bright, light* (of colour)

gealach (gyă-lòch) f. *moon*

glas (glos) *grey, green* (of grass, etc.)

goirt (girt) *salty*

gorm (görăm) *blue*

gual (gooăl) m. *coal*

iasacht (eeăsăch̯) f. *loan*; faighim ar iasacht *I borrow*

i n-éagmais (i-neèamish) *without*

íseal (eeshăl) *low*

leathan (lyahăn) *wide*

lom (loum) *bare*

maol (mäl) *bald*

oiread (ir̠ă̯d): oiread agus *as much as*; an oiread san *that much*

ramhar (râur) *fat*

rogha (rou) m. *choice*

rua (rooă) *red* (of hair, animal fur, etc.)

saor (sär) *cheap*

seachtain (shachd̯in) f. *week*; an tseachtain seo chúinn *next week*

uaine (ooini) *green*

Exercise 48

1. Cár airíodar na hamhráin bhreátha san? 2. Do bhí cailíní óga agus seana-mhná ag obair i dteannta a chéile. 3. Do chonac na cupáin bheaga san a cheannaís inné, agus is deas na cupáin iad gan amhras. 4. Cá bhfuil na cístí milse úd a thugais leat ón siopa? 5. Do chuireas isteach insna boscaí bána san thall iad. 6. Tá dhá chapall dhubha thíos ar an mbóthar agus iad marbh ag an ocras beagnach. 7. Do bhí fir fhlaithiúla riamh sa cheantar so, ach is deacair dóibh bheith flaithiúil i n-éagmais an airgid. 8. Tá na cathaoireacha troma san ró-mhór don tseomra so agamsa.

9. Tá na hamhráin sin ana-bhinn, ach is breátha na sean-amhráin ná iad. 10. Tá Liam níos cosúla lena athair ná Tomás. 11. Tá an clár san ró-leathan, agus is leithne fós an ceann eile. 12. An bhfeiceann tú an fear maol san agus an fear óg rua lena ais? 13. Sin iad m'athair agus mac mo dheirféar. 14. Is glas iad na cnoic i bhfad uainn. 15. Is gile an ghrian ná an ghealach.

16. Tá an bord san mór leathan ach tá an ceann íseal níos saoire ná é. 17. Cé acu is fearr leat díobh? 18. Is é an ceann is daoire an ceann is buaine. 19. Is óige m'athair ná t'athair-se, ach is é Diarmaid an fear is láidre acu go léir. 20. Is troime an gual ná an mhóin. 21. Bhí an oíche aréir ní ba dhorcha ná an oíche anocht. 22. Tá an bóithrín níos caoile agus níos gairbhe ná an bóthar mór. 23. Bhí sé fuar ar maidin ach tá sé níos fuaire fós anois. 24. Is é an casúr is troime an casúr is fearr. 25. Tabhair dhom an stól is ísle agus cuirfidh mé mo dhrom leis an bhfalla.

26. Fuaireas an leabhar san ar iasacht ó dheirfír Thomáis. 27. Bhéarfad duit amáireach é. 28. Do rug an bhó aréir, agus shíleas ná béarfadh sí go ceann seachtaine eile. 29. Ní tabharfar do dhóthain le n-ithe dhuit sa bhaile mhór. 30. Íosfad mo dhóthain, nó oiread agus is féidir liom ar aon chuma. 31. Ní hitear an oiread ann agus a ithimíd anso. 32. Bhéarfad a rogha dhóibh, imeacht nó fanúint sa bhaile.

Exercise 49

A. 1. We bear. 2. They bore. 3. You gave. 4. They will not give. 5. He will do. 6. They will eat. 7. They will be eaten. 8. It was brought here. 9. It will not be done.

B. 1. Where did you buy those large cups? 2. I bought the large ones in the village, but I got the small green ones in Cork. 3. The big boys and the strong men were working together reaping the corn. 4. When will the new schools be opened? Next week. 5. We shall have good teachers and fine schools then. 6. That chair is very comfortable, but the other one is firmer. 7. It is too big; I prefer the red one. 8. Wood is lighter than water. 9. We are older than they. 10. This is the longest road. 11. He is the oldest man in the village. 12. We gave the dryest part of the turf to the oldest people. 13. Wheat is dearer than barley. 14. Is this bag heavier than the other one? 15. They brought these black bags from Cork yesterday. 16. When you have the kettle boiling, we shall eat our supper. 17. Which do you prefer, fresh fish or salt fish? 18. My choice is the salt fish. 19. He will give them the money when they come in. 20. We shall do our best to satisfy him. 21. They borrowed the two small hammers from John, but they have done no work with them yet. 22. They will make the sweet cakes tomorrow and give them to the little children.

LESSON XXII

Irregular Comparison of Adjectives.
The Adverb.

The following adjectives have irregular forms in the comparative-superlative:

ard "high"	aoirde	maith "good"	fearr
beag "small"	lú	minic "often"	minicí
breá "fine"	breátha	mór "big"	mó
cruaidh "hard"	crua	olc "bad"	measa
fada "long"	sia (faide)	te "warm"	teo
fuiriste "easy"	usa	tirim "dry"	trioma
gearr "short"	giorra	tréan "strong"	treise

Chomh "as" is followed by the preposition *le* before a noun (p. 55). Before a verb it is followed by the conjunction *agus* and the relative particle: *tá Máirtín chomh hard le Seán* "Martin is as tall as John"; *níl na prátaí chomh maith i mbliana agus a bhíodar anuraidh* "the potatoes are not as good this year as they were last year". *Ná* "than" is followed by the conjunction *mar* before a verb: *tá na prátaí níos fearr i mbliana ná mar a bhíodar anuraidh.*

For the use of *go* to form adverbs see p. 58: *go maith* "well, *go holc* "badly".[1]

In the comparative and superlative *go* is not used, and the adjective serves as an adverb: *labhrann Seán níos fearr ná Séamas* "John speaks better than James"; *is fearr a labhrann Tomás* "Tom speaks better"; *Is é Diarmaid is fearr a labhrann* "Dermod speaks best".[2]

(To be distinguished from *mó* "bigger, more" is the word *mó* "many", which has a peculiar construction, being

[1] Both *chomh* and *go* prefix *h-* to vowels.
[2] See Lesson XXVI (relatives).

preceded always by the copula *is*, and followed by a relative clause: *is mó oíche a chaitheas ann* "many a night I spent there"; *is mó duine ná féadfadh é a dhéanamh* "many a man could not do it"; *an mó duine atá ann* "how many people are there?" (Note that in Irish the noun is always singular.)

Some simple adverbs of time have already occurred in the vocabularies: *anois* "now", *ansan* "then", *inniu* "today", *inné* "yesterday", *cathain* "when?" *anocht* "tonight", *aréir* "last night", *amáireach* "tomorrow". Adverbs of place: *ann* "there", *as* "away, out", *ansan* "there" (demonstr.), *anso* "here", *ansúd* "yonder", *thall* "over there", *abhus* "over here", *i n-airde* "up, above", *cá?* (ecl.) "where?"

Some adverbs of place have two forms for rest and motion respectively; and others have three forms, when motion towards and from the speaker are distinguished.

Adverbs with two forms.[1]

Motion	Rest
isteach "in"	istigh (ish-dìg)
amach "out"	amuigh (ă-mù)

Adverbs with three forms

Rest	Motion	Motion towards[1]
thíos "down, below"	síos "down"	aníos "up from below"
thuas "up, above"	suas "up"	anuas "down from above"
thiar "west"	siar "west"	aniar "from the west"
thoir "east"	soir "east"	anoir "from the east"
thuaidh "north"	ó thuaidh "north"	aduaidh "from the north"
theas "south"	ó dheas "south"	aneas "from the south"

[1] All of these are stressed on the final syllable.

The following adverbs and adverbial phrases should be memorised. Many of them have already occurred in the Lessons.

anuraidh (ă-nirig) *last year*
ar éigin (er-ēgin) *hardly*
ar maidin (er-màdin) *in the morning, this morning*
arú amáireach (o-roò maàrăch) *the day after tomorrow*
arú inné (o-roô nē) *the day before yesterday*
beagnach (byŏg-naàch) *almost*
cad 'na thaobh (konă-häv) *why?*
choíche (cheehi) *ever (in the future), always*
fé láthair (fē laàhir) *at present*
geall le (gyoul le) *almost*
go deo (gă-dyō) *for ever*
go brách (gă-braàch) *for ever*
go deimhin (gă-dàyn) *indeed*
go léir (gă-lēr) *entirely, all*
i gcónaí (i-gōneè) *always*
i láthair (i-laàhir) *present*
i mbliana (i-mleèănă) *this year*
i n-aisce (i-nàshgi) *free, for nothing*
i n-aon chor (i-nächăr) *at all*
i n-éineacht (le) (i-nēnăcht) *together (with)*
istoíche (is-ḏeèhi) *at night*
leis (lesh) *also*
ó shin (ō-hìn) *since*
riamh (reeăv) *ever*
thar n-ais (hor-nàsh) *back*
um thráthnóna (hraan-hōnă) *in the evening*

Note *coicíos ó shin* "a fortnight ago"; but *coicíos is an lá inniu* "a fortnight ago today" and *coicíos ón lá inniu* "a fortnight from today". Note also: *an baile seo againn-ne* "our village"; *an gairdín seo againn-ne* "our garden".

VOCABULARY

aer (är) m. *air*

ag éirí (ig ay-reè) *rising, becoming*

álainn (aaling) *beautiful*; compar. áille (aali)

an Bhóinn (ăn vōing) f. *the Boyne*

an tSionainn (ăn tyuning) f. *the Shannon*

ardán (aar-daàn) m. *high ground*

ceacht (kyacht) m. *lesson* (pl. ceachtanna)

cliste (klishdi) *clever*

cúramach (koorămăch) *careful*

doimhin (dayng) *deep*

domhan (doun) m *world*

farraige (forigi) f. *sea*

fíor-uisce (feerishgi) m. *spring-water*

iarann (eeărăn) m. *iron*

im choinnibh *towards me*

ísleán (eesh-laàn) m. *low ground*

leisciúil (lesh-gyoòl) *lazy*

ór (ōr) m. *gold*

radharc (rayărk) m. *view*

sáile (saali) m. *sea-water*

scríobhaim (shgreem) *I write*

Seosamh (shōsăv) *Joseph*

staighre (sdayri) m. *stairs, staircase*

tiománaí (tă-maànee) m. *driver*

úll (ool) m. *apple*

Exercise 50

From the following groups make up comparisons thus:
an coileach, láidir, an chearc

Is láidre an coileach ná an chearc; tá an coileach níos láidre ná an chearc.

1. Baile Átha Cliath, mór, Corcaigh. 2. An domhan, beag, an ghrian. 3. An Bhóinn, fada, an tSionainn. 4. An t-ór, cruaidh, an t-iarann. 5. An t-aer, trom, an t-uisce. 6. An tarbh, tréan, an fear. 7. An garsún, cliste, an cailín. 8. An loch, doimhin, an fharraige.

Exercise 51

1. An bhfuil na húlla so níos daoire ná na cinn sin? 2. Sin iad na cinn is daoire. 3. Is í Máire an cailín is áille ar an mbaile. 4. Cé acu an garsún is cliste? 5. Is é Peadar an té is cliste acu, ach tá Seosamh beagnach chomh cliste leis. 6. Tá crann is

aoirde ná é sin sa ghairdín seo againn-ne. 7. Caithfidh an
tiománaí bheith níos cúramaí ar an mbóthar istoíche ná
mar a bheadh sé sa lá. 8. Bím-se cúramach i gcónaí. 9.
Táim ag imeacht go tapaidh anois, ach tá radharc maith
agam ar an mbóthar. 10. Chuamair isteach sa tigh i gcóir
an dinnéir agus d'fhanamair istigh leath-uair an chloig.
11. Thánamair amach ansan agus d'fhanamair amuigh go
tráthnóna. 12. Raghaidh sí i n-airde an staighre chun na
seomraí a ghlanadh, agus beidh sí tamall thuas. 13. Tioc-
faidh sí anuas ansan, agus fanfaidh sí thíos. 14. Rith soir
go dtí an tobar agus tabhair leat anoir buicéad uisce. 15.
Nuair a bhíos ag dul siar an bóthar, do bhí an sagart ag
teacht aniar im choinnibh.

Exercise 52

1. Sugar is cheaper now than it was last year. 2. Is Tom
taller than Mary? 3. Michael is the tallest of them. 4. John
will do the work well, but Michael will do it better. 5. Mar-
garet does her lessons more carefully than her sister. 6. Are
you as lazy as your brother? 7. This boy does not look as
strong as his friend. 8. James is the strongest of them all.
9. I answered as well as I could. 10. Is that knife sharper
than this one? 11. Sea-water is warmer than spring-water.
12. The road eastwards is shorter than the road westwards.
13. The high ground is drier than the low ground. 14. When
we were going upstairs, James was coming down.

LESSON XXIII

Ownership. Buying and Selling. Proper Names.

Ownership is expressed by the verb *is* and the preposition *le*: *is le Seán an leabhar san* "that book belongs to John"; *an leat-sa an chasóg so?* "does this coat belong to you?"; *ní liom* "no (it does not)". There is thus a contrast between possession and ownership, the verb *tá* and the preposition *ag* being used for possession (p. 41): *ba le Peadar an capall a bhí ag Máirtín* "the horse that Martin had belonged to Peter."

To ask "whose is (are)?" you put *cé* "who" before the prepositional pronoun and the copula is omitted: *cé leis an talamh san?* "whose is (who owns) that land?".

The word for "I buy" is *ceannaim* (vn. *ceannach*), and you buy from (*ó*) a person for (*ar*) a sum of money: (*do*) *cheannatos an bhó uaidh ar daichead punt* "I bought the cow from him for forty pounds"; *ceannóidh sé an tigh úd ar dhá chéad déag punt* "he will buy that house for £1,200". "To sell" is *díol*, and you sell to (*le*) a person: *an ndíolfair liom é?* "will you sell it to me?" But *díol* also means "to pay", and you pay for (*as*) a thing: *ar dhíoladar as an dtalamh fós?* "have they paid for the land yet?"; *do dhíolfainn leis é dá ndíolfadh sé as* "I would sell it to him, if he would pay for it".

The notion of "owing" is expressed by the verb *tá* with the preposition *ag* of the creditor and the preposition *ar* of the debtor: *tá scilling agat orm* "I owe you a shilling"; *tá scilling agam ort* "you owe me a shilling".

Most Irish surnames begin with *Mac* "son" or *Ó* "grandson, descendant", and the second element is a personal name in the genitive case, rather as in English "Johnson", "Thomson", "Williamson". The *Ó* prefixes an *h* to vowels:

Ó hAodha "Hayes, O'Hea"; *Ó hAirt* "Hart"; *Ó hÓgáin*
"Hogan". Both prefixes are inflected for gender and in the
gen. sg. masc. The feminine of *Mac* is *Ní* (indecl., asp.),[1] and
the gen. sg. masc. is, of course, *Mic* which will always be
aspirated (p. 13) and causes aspiration of a following
consonant. The feminine of *Ó* is likewise *Ní* and the gsm. is
Uí (asp.).

Séamas Mac Diarmada "James MacDermot", *Bean
Shéamais Mhic Dhiarmada* "Mrs. James MacDermot";
Siobhán Ní Dhiarmada "Joan MacDermot"; *Seán Ó Briain*
"John O'Brien"; *Bean Sheáin Uí Bhriain* "Mrs. John
O'Brien; *Maighréad Ní Bhriain* "Margaret O'Brien"; *Pádraig
Ó hÓgáin* "Patrick Hogan"; *Bean Phádraig Uí Ógáin*
"Mrs. Patrick Hogan"; *Caitilín Ní Ógáin* "Kathleen
Hogan".

A married woman does not take the surname of her hus-
band. If Mary Kelly marries Peter O'Sullivan, she remains
Máire Ní Cheallaigh or may be called *bean Pheadair Uí
Shúilleabháin*, but not *Máire Ní Shúilleabháin*. Surnames of
foreign origin have no prefix: *Báróid, Bairéad* "Barrett",
Breathnach "Walsh", *Brún* "Brown" *Cundún* "Condon",
Feiritéir "Ferriter", *Paor* "Power", *Seoigheach* "Joyce";
but some Norman names have the particle *de*: *de Barra*
"Barry", *de Búrca* "Burke", *de Róiste* "Roche".

Breathnach "Walsh" and *Caomhánach* "Kavanagh" are
treated as adjectives: *Máire Bhreathnach* "Mary Walsh",
Síle Chaomhánach "Julia Kavanagh". From other surnames
adjectivals may be formed: *Brianach* "an O'Brien", *Ceallach*
"an O'Kelly", *Róisteach* "a Roche".

When the surname begins with *Mac*, there is a tendency
to form the feminine in this way: *Máire Charthach* "Mary
MacCarthy." When the surname begins with *Ó*, *Mac* may
take the place of a Christian name in formal use: *Mac Uí
Shúilleabháin* "Mr. O'Sullivan". When a family is referred to,
muintir "people" is used, or the plural adjective: *muintir
Laoghaire* "the O'Learys", *muintir Shúilleabháin* "the

[1] Nic (asp.) in northern dialects.

O'Sullivans", *na Brianaigh* "the O'Briens", *na Ceallaigh* "the O'Kellys".

Remember that the initial of a proper name in the gen. is aspirated (p. 13): *leabhar Sheáin* "John's book", *tigh Thaidhg* "Tim's house", *rothar Shíle* "Julia's bicycle".

Common Surnames

Ó Braonáin	Brennan
Ó Briain	O'Brien
Ó Broin	Byrne, O'Byrne
Ó Catháin	O'Kane
Ó Ceallacháin	O'Callaghan
Ó Ceallaigh	Kelly, O'Kelly
Ó Cinnéide	Kennedy
Ó Conaill	O'Connell
Ó Conchobhair	O'Connor
Ó Dálaigh	O'Daly
Ó Domhnaill	O'Donnell
Ó Donnchadha	O'Donoghue
Ó Donnabháin	O'Donovan
Ó Dubhghaill	Doyle
Ó Dubhthaigh	O'Duffy, Duffy
Ó Duibhir	O'Dwyer
Ó Fearghail	O'Farrell
Ó Flaithbheartaigh	O'Flaherty
Ó Floinn	O'Flynn
Ó Gallchobhair	O'Gallagher
Ó Grádaigh	O'Grady
Ó hAodha	Hayes, O'Hea
Ó hAodhagáin	O'Hagan, Egan
Ó hEadhra	O'Hara
Ó hÓgáin	Hogan
Ó Laoghaire	O'Leary
Ó Lochlainn	O'Loughlin
Ó Loingsigh	Lynch
Ó Máille	O'Malley

Ó Mathghamhna	O'Mahony
Ó Meachair	O'Meagher, Maher, Meagher
Ó Meadhra	O'Mara
Ó Murchadha	Murphy
Ó Néill	O'Neill
Ó Raghallaigh	O'Reilly
Ó Ruairc	O'Rourke
Ó Séaghdha	O'Shea
Ó Síothcháin	Sheehan
Ó Súilleabháin	O'Sullivan
Ó Tuathail	O'Toole
Ó Tuama	Twomey, Toomey

Mac Cába	McCabe
Mac Canna	McCann
Mac Carthaigh	McCarthy
Mac Cionnaith	McKenna
Mac Conmara	Macnamara
Mac Cormaic	MacCormick
Mac Craith	McGrath
Mac Diarmada	MacDermot
Mac Domhnaill	MacDonnell
Mac Dubhghaill	MacDowell
Mac Lochlainn	McLoughlin
Mac Mathghamhna	MacMahon
Mac Maoláin	MacMullen
Mac Néill	MacNeill
Mac Suibhne	MacSweeny
Mág Aonghusa	McGuinness, Magennis, Guinness
Mág Uidhir	McGuire, Maguire

VOCABULARY

áfách (aafăch) *however*
aghaidh (ayg) f. *face*; ar aghaidh *in front of*
aimsir (aymshir) f. *weather*

an mór (ăn mooăr)? *how much?*
ar chúl (er chool) *behind, c. gen.*

banc (boungk) m. *bank*
buaile (booăli) f. *paddock*
bullán (bu-laàn) m. *bullock*
Ciarraí (keeă-reè) *Kerry*
cíos (kees) m. *rent*
dá chuid féin *of his own*
cúpla (koopălă) m. *a pair, a few*
feirm (ferim) f. *farm*
fiú (fyoo) *worth*

gnáthach (gnaahăch) *customary*
inneall (ingăl) buailte (booălhi) m. *threshing-machine*
le fáil (le faal) *to be got*
méid (mēd) m. *amount*; an méid sin *that much*
seol (shōl) m. *sail*; bád seoil *sailing-boat*
a sé sa chéad *six per cent*

Exercise 53

1. Is leis na Brianaigh an dá thigh sin thuas ar an gcnoc. 2. An leo an talamh atá ar aghaidh na dtithe? 3. Ní leo; is ar cíos atá sé[1] acu ó fheirmeoir eile. 4. Is le Seán Mac Diarmada an capall a bhí agam inné. 5. Is ag Máirtín Ó Briain atá sé inniu, mar níl aon chapall dá chuid féin aige. 6. Ba ghnáthach leis capall a bheith aige, áfach. 7. Cé leis an bád seoil sin? 8. Is lem dheartháir í, agus níl sí aige ach le bliain. 9. Is dócha go ndíolfaidh sé an bhliain seo chúinn í, má fhaigheann sé duine chun í a cheannach uaidh. 10. An mór an t-airgead a thug sé uirthi? 11. Thug sé deich bpuint fhichead[2] uirthi agus níorbh fhiú an méid sin í. 12. Ba liomsa í blianta ó shin, ach níl aon bhád agam anois. 13. Ar dhíoladar as an móin fós? 14. Níor dhíoladar, mar tá sí fliuch agus nílid sásta léi. 15. Chonaiceamair Caitlín Ní Dhuibhir agus Bríd Ní Dhiarmada ag dul·isteach i dtigh mhuintir Shúilleabháin ó chianaibh. 16. Cá bhfuil inneall buailte Thomáis Uí Dhonnchadha ag obair? 17. Ní fhaca ó mhaidin é. 18. Chonac-sa aréir é ar fheirm Chonchubhair Uí Aodha.

Exercise 54

1. The field in front of the house is ours, but the land behind the house belongs to another farmer. 2. It is not mine; I

[1] For the emphatic use of the copula see p. 59.
[2] See Lesson XXIV.

have rented it (have it upon rent) from him. 3. Whose are the cattle in the big field? 4. I do not know. 5. We have a few bullocks in the paddock, but those other cattle do not belong to us. 6. Has James O'Sullivan paid for the new house yet? 7. Yes, but he has not yet paid for the land. 8. How much money does he owe you? 9. Five hundred pounds. 10. He has not that much (of) money. 11. He will have to borrow it (get it on loan). 12. It is to be got in the bank at (*ar*) six per cent. 13. Where is Daniel O'Connell's house? 14. It is in County Kerry, westwards from Killarney. 15. They saw John MacCarthy coming out of the Kelly's house this morning.

LESSON XXIV

Numbers, days, months and seasons.

We have already had the numbers from one to ten (Lesson X). Those from eleven to nineteen are formed by adding -*déag* (not *deich*) to the simple number, just as -teen is added in English fourteen, sixteen, seventeen. Thus *aondéag* 11, *dódhéag* 12, *trídéag* 13, *ceathairdéag* 14, *cúigdéag* 15, *sédéag* 16, *seachtdéag* 17, *ochtdéag* 18, *naoidéag* 19. These numerals are separable, that is to say that a noun is inserted between the simple number and the second element. If the singular form of the noun is used, it is aspirated (p. 64) (except after *seacht*, *ocht* and *naoi* which eclipse), and the aspiration is carried over to *déag* as well; *trí dhuine dhéag* "thirteen people"; *cheithre choca dhéag* "fourteen cocks (of hay)"; *dhá chapall déag*[1] "twelve horses"; *trí phunt déag*[1] (or *trí puint déag*) "thirteen pounds". The word for "twenty" is *fiche* which is a noun. It is added to the simple numbers either with *agus* (*is*) "and" or in the genitive, *fichead*, or with *ar* "on" and the dative *fichid*. Thus "twenty-four miles" is *cheithre mhíle fhichead* or *cheithre mhíle is fiche* or *cheithre mhíle ar fhichid*. The other "tens" are reckoned by scores:

21 aon is fiche	60 trí fichid
22 dó is fiche	70 deich is trí fichid
23 trí is fiche	80 cheithre fichid
30 deich fichead	90 deich is cheithre fichid
31 aondéag ar fhichid	100 céad
32 dódhéag ar fhichid	105 céad is a cúig
33 trídéag ar fhichid	"105 sheep" cúig chaora
40 daichead	is céad
50 deich is daichead	110 céad is a deich

[1] See p. 17.

136

200 dhá chéad	900 naoi gcéad
300 trí chéad	1,000 míle
700 seacht gcéad	100,000 céad míle
800 ocht gcéad	1,000,000 milliún

Here are some examples of high numbers:

> 334 trí chéad is a ceathair déag ar fhichid
> 906 naoi gcéad is a sé
> 1959 míle naoi gcéad is a naoidéag is daichead

Céad 100 and *míle* 1,000 are nouns and are indeclinable in counting, but the plurals *céadta* and *mílte* are used elsewhere: *bhí na céadta agus na mílte ann* "there were hundreds and thousands there".

Fiche, *céad* and *míle* take the nom.-acc. sg. of a following noun: *fiche duine* "twenty people"; *céad bean* "a hundred women"; *míle punt* "a thousand pounds".

There are special words for counting persons up to twelve. For "one person" you say simply *duine*. For "two", "three", "four" etc. there are personal numerals, which are nouns and are followed by the genitive plural: *beirt* "two people" is feminine (with the article *an bheirt*, g. *na beirte*) and aspirates a following noun: *beirt fhear* "two men", *beirt bhan* "two women".

The other personal numerals (being compounds of *fear*) are masculine:

triúr *three people*	ochtar *eight people*
ceathrar *four people*	naonúr *nine people*
cúigear *five people*	deichniúr *ten people*
seisear *six people*	dáréag *twelve people*
mór-sheisear (seáchtar) *seven people*	

Triúr sagart three priests, ceathrar feirmeoirí *four farmers*, cúigear Sasanach *five Englishmen*, seisear cailíní *six girls*.

The form for "eleven" agrees with the higher numbers:

aon duine déag "eleven people", *sé dhuine dhéag* "sixteen people".

In counting animals and things the use of *cinn*, mentioned on p. 73, is common: *trí cinn de bhuaibh* "three cows", *cúig cinn déag ar fhichid de mhucaibh* "thirty-five pigs", *ocht nó naoi gcinn de leabhraibh* "eight or nine books".

Ordinal Numbers

These are the forms corresponding to English "first, second, third", etc. The Irish for "first" is *céad*, which aspirates a following noun and is itself aspirated by the article: *an chéad fhear* "the first man"; "second" is *dara*: *an dara fear*. The other ordinals are formed by adding *-ú* to the simple numeral: *tríú, ceathrú, cúigiú, séú*, etc. For "eleventh" the word is *aonú . . . déag*; *an fichiú ceann* "the twentieth (one)". The higher ordinal numbers should be avoided. We cannot propose a satisfactory form for "the two hundredth" (*an dá chéadú?*), "the five hundred and sixtieth", etc., but these forms are clumsy in any language.

Addition and Subtraction

Addition is expressed as follows: *a cúig agus a cúig, sin a deich*, $5 + 5 = 10$; *deich fichead agus fiche, sin leath-chéad*, $30 + 20 = 50$.

For subtraction: *a cúig óna deich, sin a cúig*, $10 - 5 = 5$; *a deich óna daichead, sin a deich fichead*, $40 - 10 = 30$.

Multiplication and Division.

Multiplication is expressed by putting *fé* "under" before the multiplier: *a dó fé thrí, sin a sé*, $2 \times 3 = 6$; *a deich fé chúig, sin deich is daichead*, $10 \times 5 = 50$.

Division is expressed by putting *a roinnt ar* ("to divide by") before the divider: *fiche a roinnt ar dhó, sin a deich*, $20 \div 2 = 10$.

Days and Months.

The names of the days are preceded by the definite article, except when used adverbially:

an Domhnach (dounăch) m.   an Déardaoin (dēr-deèn) f.
an Luan (looăn) m.   an Aoine (eeni) f.
an Mháirt (vaart) f.   an Satharn (sohărn) m.
an Chéadaoin (cheea-deèn) f.

When used adverbially they are preceded by *Dé* "day" (except *Déardaoin*), and the masculine forms are inflected in the genitive:

Dé Domhnaigh (dounig)   Déardaoin
Dé Luain   Dé hAoine
Dé Máirt   Dé Sathairn
Dé Céadaoin

Thus "today is Monday" is *is é an lá inniu an Luan* or simply *inniu an Luan*. But "he is coming on Monday" is *tiocfaidh sé Dé Luain*; "he is coming next Monday" *tiocfaidh sé Dé Luain seo chúinn*. When a defining phrase follows, the form with the article is used: *tiocfaidh sé an Luan ina dhiaidh san* "he will come on the following Monday".

The names of months are usually preceded by the article and often by the word *mí* "month"; for December *mí* is required:

Eanáir (anaar)   an Meitheamh (mihăv)
Feabhra (fyoură)   Iúil (ool)
  or mí na Feabhra   mí na Lúnasa (loonăsă)
an Márta (maartă)   Meán Fhómhair (maan ōr)
an tAibreán (obă-raàn)   Deireadh Fómhair (deri fōr)
an Bhealtaine (vyoulhini)   mí na Samhna (soună)
  or mí na Bealtaine   mí na Nollag (nolăg)

May, August and November are named from ancient pagan feasts, and December from the Christian *Natalicia*, and these names are feminine. The names here given for January, February and July are obsolete, but have now been restored in the schools. The colloquial names are *an chéad mhí den bhliain,* mí na *Féile Bríde,* and *July* respectively.

May 1, August 1, November 1 are *Lá Bealtaine, Lá Lúnasa, Lá Samhna* respectively. For other dates, the preposition *de* "of" is used: *an triú lá déag d'Aibreán* "April 13"; *an chéad lá de mhí na Nollag* "December 1". *Lá Nollag* means "Christmas Day".

The names of the seasons are masculine:

An tEarrach (tă-ròch)   An Fómhar (fōr) *Autumn*
    Spring
An Samhradh (saură)   An Geimhreadh (geeră)
    Summer   *Winter*

The hours of the day are expressed by the numeral followed by *a chlog*: *a trí a chlog* "three o'clock"; *leath-uair tar éis a trí* "half past three"; *ceathrú chun a ceathair* "a quarter to four". The question "what o'clock is it" goes directly into Irish: *cad a chlog é? At* such a time is expressed by *ar* "on": *ar a cúig a chlog* "at five o'clock"; *ar deich neomataí chun a seacht* "at ten minutes to seven".

VOCABULARY

Aibreán (obă-raàn) m. *April*
an mó? *how many?*
an mór? *how much?*
barra (boră) m. *crop*
Bealtaine (baulhini) f. *May*
bliain (bleein) f. *year*
Céadaoin (keea-ḏeèn) f. *Wednesday*
cé (kē) m. *quay*
ceoltóir (kyōl-hōr) m. *musician*
Déardaoin (dēr-ḏeèn) f. *Thursday*
Earrach (ă-ròch) m. *Spring*

Fómhar (fōr) m. *Autumn*
Lá le Pádraig (laale-paàḏrig) *St. Patrick's Day*
Márta (maarṱă) m. *March*
Meitheamh (mihăv) m. *June*
réal (räl) m. *sixpence*
réitím (rē-teèm) ar *I agree upon*
seint vn. (shaynt) *playing, to play* (music)
saor cloiche (sär klöhi) m. *stone-mason*
tuistiún (ṯish-dyoòn) m. *fourpence*

Exercise 55

1. Cheannaíos na beithígh sin ar thrí puint fhichead[1] an ceann. 2. An mó peann atá sa bhosca san? 3. Tá cúig cinn déag ann. 4. Thugas an tríú cuid den airgead dom athair. 5. An mór a thugais dó? Trí puint déag agus daichead. 6. Tá trí chéad agus cúig laetheanta agus trí fichid sa bhliain. 7. Tá deich lá fichead (*or* is fiche) san Aibreán agus aon lá déag ar fhichid i mí na Bealtaine. 8. Thánadar Dé Céadaoin, an cúigiú lá déag de Mhárta, agus imeoid siad Déardaoin, an dara lá de Mheitheamh. 9. Cuirtear an síol san Earrach agus baintear an barra sa bhFómhar. 10. Tá cúigear siúinéirí agus triúr saor cloiche ag obair sa tigh sin. 11. An mó ceoltóir a bhí ag seint sa halla anocht? 12. Do chonaiceamair trí dhuine dhéag ann, ach do bhí ceathrar eile nár fhéadamair a fheiscint.

Exercise 56

1. How much did you give the man for that horse? Seventy-nine pounds. 2. How many sixpences are there in a pound? Forty. 3. My aunt will be coming on the twelfth of August. 4. Next Sunday is the first of June. 5. Four sevens are twenty-eight, two shillings and fourpence. 6. Twenty-five and eleven are thirty-six. 7. Friday is the sixth day of the week. 8. The seventeenth of March is St. Patrick's Day. 9. I see two men and three boys coming across the field. 10. There are five priests in the parish. 11. There are only (see p. 153) thirty days in April, June and September. 12. Saturday is the fourth of November. 13. How many fishermen did you see down at the quay tonight? Seven.

---

[1] For aspiration after the nom. pl. see p. 15.

LESSON XXV

Imperative and Subjunctive.

The tenses of the indicative mood are given in Lessons II and IX. There remain to be learned the imperative and subjunctive moods. The imperative expresses a command: "Go away!" "Open the window!" "Let us begin!" "Let them do their best!"

We can now consider the imperative forms of the regular verb and of *táim*. The second person singular, which is the commonest form, is the bare stem of the verb: *dún* "shut"; *buail* "strike"; *éist* "listen"; *éirigh*[1] "get up"; *suigh* "sit down", etc. And the second person plural has the ending *idh*, pronounced *-ig*. (In Northern Irish this ending has become *-igí*.)

	Dúnaim "I shut"	Buailim "I strike"	Táim "I am"
Sg. 1	dúnaim	buailim	bím
2	dún	buail	bí
3	dúnadh sé	buaileadh sé	bíodh sé
Pl. 1	dúnaimís	buailimís	bímís
2	dúnaidh	buailidh	bídh
3	dúnaidís	buailidís	bídís
Passive:	dúntar	buailtear	bítear

You have had some examples of the imperative 2 sg. in earlier lessons: *abair* "say", *tabhair* "give", *innis* "tell", etc. Here are examples of other forms which may now be introduced: *cuiridh oraibh bhur mbróga* "put on your shoes!"; *suigh ar an stól san* "sit on that stool!"; *bídís anso ar a haon a*

[1] Verbs in *-im* (new spelling for *-ighim*) show the *-gh* of the stem in the 2 sg. imperative and 3 sg. past (*d'éirigh*), where the finite form is the mere stem. Remember that this final *-igh* is pronounced *ig* (p. 10).

chlog "let them be here at one o'clock!" (The English transla-
tion can here cause confusion. "Let them come in!" as a
command is *tagaidís isteach*; but if the meaning is "allow
them to come in!" the Irish will be *lig dóibh teacht isteach*).
The negative particle used with the imperative is *ná*: *ná
bíodh eagla ort!* "don't be afraid!"; *ná bac é!* "don't heed him!"

VOCABULARY

brostaigh ort! (brösdig ört)
   hurry!
coróin (krōng) f. *five shillings*
déanach (deeanăch) *late*
fód (fōd) m. *sod (of peat)*
fuiscí (fwishgee) m. *whiskey*
gloine (glini) f. *glass*
go fóill (fōl) *yet, for awhile*
id theannta (haunt̆ă) *with
   you*

lampa (laumpă) m. *lamp*
luach (looăch) m. *value,
   price*; luach scillinge *a
   shilling's worth*
maide rámha (modi-raà) m.
   oar
milleán (mi-laàn) m. *blame*
milseán (meesh-laàn) m. *a
   sweet*
téir! (tēr) *go!*

Exercise 57

1. Tabhair dúinn dhá ghloine fuiscí, más é do thoil é. **2.** Cuir
umat do chasóg mhór agus téimís abhaile anois. **3.** Deineadh
sé a rogha rud, ach ná bíodh aon mhilleán aige orm-sa. **4.** Ná
caillidís an t-airgead. **5.** Tugaidh[1] libh na páistí agus ná
deinidh aon mhoill ar an mbóthar. **6.** Bídh istigh roimh a
deich a chlog. **7.** Tagaidís abhaile id theannta. **8.** Bris na
fóid sin agus cuir síos tine. **9.** Ná las an lampa go fóill, mar
níl sé dorcha fós. **10.** Téir soir go dtí an siopa agus ceannaigh
luach scillinge de mhilseáin dom.

Exercise 58

1. Send a letter to (use *chun*) Cormac and tell him to send us
money. **2.** Go to the post-office and buy five shilling's worth
of stamps. **3.** Hurry, and do not be late for (from the)
supper! **4.** Let us have a game of cards before the strangers
come. **5.** Put (pl.) out the dogs and shut the stable-doors, for

[1] The 2 sg. *tabhair* is irregular; the other forms are *tugadh sé,
tugaimís, tugaidh, tugaidís, tugtar.*

it will soon be dark. 6. Let them do their best, and we shall
not blame them. 7. Let them ask William where he left the
oars, and we shall all go fishing.

SUBJUNCTIVE.

The subjunctive of the regular verb and the subjunctive
of *táim* are as follows:

First Conjugation.
dúnaim "I shut"

	Present	Past
Sg. 1	dúnad	dúnainn
2	dúnair	dúnthá
3	dúna sé	dúnadh sé
Pl. 1	dúnaimíd	dúnaimís
2	dúna sibh	dúnadh sibh
3	dúnaid	dúnaidís
Passive: dúntar		dúntaí

buailim "I strike"

	Present	Past
Sg. 1	buailead	buailinn
2	buailir	buailtheá
3	buaile sé	buaileadh sé
Pl. 1	buailimíd	buailimís
2	buaile sibh	buaileadh sibh
3	buailid	buailidís
Passive: buailtear		buailtí

táim "I am"

	Present	Past
Sg. 1	rabhad	beinn
2	rabhair	beitheá
3	raibh sé	beadh sé
Pl. 1	rabhaimíd	beimís
2	rabhabhair (raibh sibh)	beadh sibh
3	rabhaid	beidís
Passive: rabhthar		beifí

Second Conjugation.
imím "I go"

Present	Past
Sg. 1 imíod	imínn
2 imír	imítheá
3 imí sé	imíodh sé
Pl. 1 imímíd	imímís
2 imí sibh	imíodh sibh
3 imíd	imídis
Passive: imítear	imítí

osclaím "I open"

Sg. 1 osclaíod	osclaínn
2 osclaír	osclaítheá
3 osclaí sé	osclaíodh sé
Pl. 1 osclaímíd	osclaímís
2 osclaí sibh	osclaíodh sibh
3 osclaíd	osclaídís
Passive: osclaítear	osclaítí

A wish is expressed by the subjunctive mood, preceded by the particle *go* (ecl.) for the affirmative, or by *nár* (asp.) for the negative: *go dtéir slán abhaile!* "(May you go) safe home!" *Go gcuire Dia an t-ádh ort!* "God prosper you!" *Go méadai Dia do stór!* "God increase your wealth!" (said in thanks). *Nár lige Dia san!* "God forbid!" *Go maithe Dia dhuit é!* "God forgive you!" *Go raibh maith agat!* "Thank you!"

Before *raibh* the negative is *ná*: *ná raibh sé mar sin!* "may it not be so!"

The forms of the copula (*is*) are: pres. *-b*; past *ba*. In an affirmative wish the conjunction is *gura*, and *-b* is dropped before consonants, so that you have *gurab*, *gura*, and negative *nárab*, *nára*: *Gurab amhlaidh dhuit!* "The same to you!" (in reply to a salutation); *Gura fearrde thú é!* "May you be the better of it!"; *Nára fada go bhfeicfimíd arís tú!* "May it not be long until we see you again!" *Dá mba mhaith leat é* "if you liked."

Apart from this use, the subjunctive is almost obsolete in southern Irish. The subjunctive may be used after *go* "until", and the past subjunctive after *dá* "if" (see Lesson XVI). Thus "wait till he comes!" is *fan go dtaga sé* or *fan go dtiocfaidh sé*; "if he should come" *dá dtagadh sé* or *dá dtiocfadh sé*. The forms of the past subjunctive are the same as those of the imperfect indicative, but the past subjunctive is always preceded by an eclipsing conjunction (*go*, *dá*, or *mara*).

LESSON XXVI

Relative Sentences.

Relative clauses are either direct or oblique. In Irish there is no relative pronoun, and an indeclinable relative particle is used. The particle in direct clauses is *a* (*do*)[1] which aspirates; it expresses the nominative or accusative relation (p. 59). The particle in oblique relative clauses is *go* (*a* in northern dialects) which eclipses; it is used in all other cases. Thus *an t-éan a chíonn an garsún* means "the bird that sees the boy" or "the bird that the boy sees". But when the relative corresponds to Eng. "whose, to whom, in which, by which, with whom," etc., the particle is *go*: *an fear go bhfuil a mhac chun pósadh* "the man whose son is to be married"; *an tigh go rabhas ann* "the house in which I was"; *an bhean go bhfuaireas an t-airgead uaithi* "the woman from whom I got the money"; *an speal go mbaineann sé an féar léi* "the scythe with which he cuts the hay". Note that where in English the relative pronoun is preceded by a preposition, in Irish the relative particle is completed by a prepositional pronoun. This is now the normal usage. The older construction in which the preposition precedes the particle is also permissible: *an áit ina raibh sé* "the place in which he was" (instead of *an áit go raibh sé ann*[2]); *an té dá dtáinig*[3] *ciall le haois, cuir-se gach ní ina chead* "consult him who has grown wise with age".

The direct relative particle is omitted before the copula

---

[1] Historically the form is *do*, and it so appears in early Modern Irish; but in spoken Irish it is commonly reduced to a mere [ə], written *a*.

[2] Or *an áit go raibh sé; ann* is here commonly omitted.

[3] Note that the relative preceded by a preposition causes eclipsis, and takes a dependent form of irregular verbs.

(*is, ba*) and the oblique form is *gur* (*gurb* before vowels) in
the present and *gur* (*gurbh* before vowels) in the past and
conditional: *an fear is saibhre* "the man who is richest
(= "the richest man"); *an fear ba shaibhre* "the man who was
richest"; *an fear gur leis an tigh* "the man whose house it is
(or "was"); *cailín gurbh ainm di Síle* "a girl named Sheila".
Where, however, the past or conditional of the copula is
reduced to *b* (before a word beginning with a vowel or *f*)
the relative particle appears: *na daoine ab óige* "the youngest
people"; *an chuid ab fhearr* "the best share".

The particle *go* (*a*) is changed to *gur* (*ar*) before the past
tense of a regular verb: *an fear gur imigh a mhac go Sasana*
"the man whose son went to England"; *an speal gur bhain
sé an féar léi*. The negative relative in both direct and oblique
clauses is *ná*: *an fear ná baineann an féar*; *an fear nár bhain an
féar*; *an fear ná fuil aithne agat air* "the man whom you do
not know"; *an duine nár chuiris ceist air* "the person whom
you did not question".

The relative clause tends to stand first in the sentence:
"the man who came yesterday will go away today" will
not be *imeoidh an fear a tháinig inné inniu*, but *an fear a
tháinig inné, imeoidh sé inniu*.

In sentences of identity (p. 52) when the subject is a
definite noun followed by a relative clause ("the man who
was there", "the book I read", etc.), the article may be
omitted before the noun, and the relative clause may be
followed by the particle *ná*: *is é ainm a bhí air ná Séadna*
"his name was S."

There may also be a double relative: *an fear a cheapas a
chonac* "the man whom I thought I saw"; *na daoine adeir sé
a thiocfaidh* "the people he says will come". The latter
example illustrates two points to be remembered: (a) the
verbs (*a*)*deir*, (*a*)*tá* having an unstressed *a-* as first syllable,[1]
seem to escape aspiration, but in fact the *d* or *t* is not the true

---

[1] The initial *a-* is not now pronounced except as here, when it may
be said to blend with the relative particle; and the verbs are usually
written *deirim, táim*.

initial; (b) when the relative is the subject, the verb is always
in the third person singular. This may be shown in examples
where the main verb is an *is*-clause of the type "it is we
(they, the strangers) who . . ." *Is mise adúirt é* (not *aduart*)
"it is I who said it"; *is sinn-ne a raghaidh isteach ar dtúis* "it
is we who shall go in first"; *is iad na Sasanaigh a fuair an
chuid ab fhearr* "it is the English who got the best share".
(Note that the initial of *fuair* also escapes aspiration.)

Perhaps the commonest type of double relative is that
with an adverbial superlative, "the people we see most
often", "the man who came first", etc.: *na daoine is minici a
chímíd* (here the relative is the object); *an fear is túisce* (or
ba thúisce) *a tháinig*. Note that the adverb precedes the verb.
And with an oblique relative: *téir san áit is fearr go bhféadfair
an rás d'fheiscint* "go to the place where you will be best
able to see the race."

VOCABULARY

an té (ăn-tē) *he who*

beatha (bahă) f. *life, liveli-
hood, food*

cad is ainm duit? (ko<u>d</u> is
anim <u>d</u>öt) *what is your
name?*

ceantar (kyauntăr) m. *dist-
rict, part of the country*

coinne (kingi) m. *expectation*;
tá coinne agam leis *I expect
him*

Corca Dhuibhne (körkă
gheeni) *Corkaguiney, Co.
Kerry*

creidiúint (kre-doònt) f. *credit*

deireanach (derănăch) *late*;

deireanaí (deră-neè) *latest,
last*

duais (<u>d</u>ooësh) f. *prize*

foighne (fayngi) f. *patience*

leigheas (layăs) m. *cure*

lionn (lyoon) m. *porter, ale*

ospidéal (ōsbidēl) m. *hos-
pital*

réitím (rē-teèm) *I solve* (a
problem)

saothrú (sär-hoò) vn. *earn-
ing, to earn*

tairbhe (tarifi) m. *profit, good*

Tiobrad Árann (tyubră<u>d</u>
aară<u>n</u>) *Tipperary*

trácht (<u>t</u>raach<u>t</u>) vn. *discuss-
ing, to discuss, speak of*

tugaim ar iasacht *I lend*

túisce (<u>t</u>ooshgi) *soonest*

Exercise 59

1. Sin é an fear a chonaiceamair ar an aonach. 2. Is í Bríd a bhris an fhuinneog. 3. An té is túisce a réiteoidh an cheist, is é a gheobhaidh an duais. 4. Is mó duine go mbíonn airgead aige agus ná deineann sé aon tairbhe dhó. 5. Cad é an ceantar gurb as tú? 6. Ó Chorca Dhuibhne. 7. An bhfacaís an bhean go rabhas ag trácht uirthi? 8. Is iad na daoine is mó a bhíonn ag caint is lú a dheineann obair. 9. Téir san áit is fearr go bhféadfair do bheatha a shaothrú ann. 10. Caithfidh mé labhairt leis an bhfear go bhfuil a mhac san ospidéal. 11. "Rud gan leigheas is foighne is fearr air." 12. An t-airgead a shíleas a bhí caillte agam tá sé anso im phóca. 13. Na daoine is túisce a tháinig is iad is deireanaí a dh'imigh.

Exercise 60

1. Which horse (*cé acu capall*) did you buy at the fair? 2. A boy named John O'Donovan was the best scholar in the class. 3. Where is the coat I lent to Michael? 4. The shoes you said you had cleaned are still dirty. 5. Many people (*is mó duine*) would prefer porter to whiskey, and some (*say* "there are people who") would not drink them at all. 6. He will come when we least expect him. 7. That is the man from whom we bought the house. 8. What is his name? 9. I think his name is James O'Sullivan. 10. That is the man whose son is a doctor in Cork. 11. What part of the country is he from? 12. From Tipperary. 13. Diarmaid did the work best, but he got the least credit.

LESSON XXVII

Idioms. Defective Verbs.
Points of Syntax.

Words for kinship in Irish do not always correspond to
English words. There is no difficulty about "father",
"mother", "brother", "sister"; but there are no Irish
words for "nephew", "niece", "uncle", "aunt", and you have
to specify the sister's son, brother's son, father's brother or
sister, or mother's brother or sister. The English "uncle"
and "aunt" (*uncail, áintín*) are now sometimes used. Note the
word *cliamhain* "son-in-law".

We have seen that numbering is by scores in the spoken
language, but old literary forms have recently been restored
in the schools and are now generally understood: *tríocha* 30,
ceathracha 40, *caoga* 50, *seasca* 60, *seachtó* 70, *ochtó* 80,
nócha 90.

With regard to the verbal system, remember that the
preterite and perfect of English "I saw" and "I have seen"
are not distinguished in Irish: *an bhfacaís fós é?* "have you
seen him yet?"; *an bhfacaís an páipéar inné?* "did you see the
paper yesterday?"[1] But there are two extra tenses, or
aspects, in Irish, one for action completed in the present:
tá sé déanta agam "I have done (finished) it"; and one for an
event that has just happened: *táim tar éis teacht isteach* "I
have just come in" (lit. "I am after coming in").

We have seen that the passive corresponding to active
buaileann sé "he strikes" is *buailtear é* (Lesson XIX)
Corresponding to the actual present *tá sé ag bualadh* is the
form *tá sé dá bhualadh* "he is being beaten".

The passive of *casaim* "I turn" is used to express meeting:
castar orm é "I meet him."

[1] Irish agrees in this with French and German.

Éirigh "rise" as an impersonal has the meaning "to succeed"; *éiríonn liom* "I succeed"; *go n-éiri leat!* "may you be successful!"

Rel. *a* can mean "all that (which)" and then causes eclipsis and takes a dependent form of irreg. verbs even as nom.-acc. (cf. p. 59): *caitheann sé a dtuilleann sé* "he spends all he earns"; *imeoidh a dtiocfaidh agus a dtáinig* "all that will come and all that ever came will pass away"; *an cailín is deise dá bhfacaís riamh* "the prettiest girl that you ever saw" (lit. "of all that").

Note *lá dá rabhas ann* "one day when I was there", where *dá* "when" is an old conjunction, quite distinct from *dá* in the preceding example.

An interesting use of the negative *ná* occurs in *is fada ná faca thú* "it is a long time since I saw you", where *ó chonac thú* is also correct.

Defective Verbs.

One curious verb which has not yet been introduced must be mentioned, as it is in common use: *ní fheadar* "I do (did) not know". It is peculiar in that it occurs only in the negative and interrogative: *an bhfeadraís* "do you know?" (The positive statement must be *tá a fhios agam, agat,* etc.) And it has both present and past meaning. The forms are as follows:

Sg. 1 feadar   Pl. feadramair
    2 feadraís   feadrabhair
    3 feadair sé   feadradar

Tharla "it happened" is impersonal and takes a dependent clause: *tharla go raibh sé ann* "he happened to be there".

Ba dhóbair "it almost happened" is followed by the conditional in a dependent clause: *ba dhóbair go ndearmhadfainn é* "I almost forgot it (him)"; *ba dhóbair . . . go dtitfeadh an capall* "the horse nearly fell", or by a verbal noun: *ba dhóbair dhom é a dhearmhad.*

Ar, arsa "said" is used only to quote direct speech, and follows the words quoted. The longer form *arsa* is used with *mise, tusa* and a noun-subject; *ar* with *seisean, sise*. The emphatic forms of the pronoun are always used.

Ach "but" is used much as in English, except that when it means "only" the verb in Irish is negative or interrogative: *ní raibh aige ach scilling* "he had but a shilling"; *níor dhein sé ach féachaint uirthi* "he did but look at her"; *cé thiocfadh isteach ach Seán!* "who should come in but John!" Idiomatic uses of *ach* are the phrases *ach chomh beag* "either" after a negative; *ach go háirithe* "at any rate": *níor labhair Seán agus níor labhras-sa ach chomh beag* "John did not speak and I did not speak either"; *raghad-sa ann ach go háirithe* "I shall go there at any rate".

Sara "before" has also the force of a final conjunction "lest, in order that not": *chuir sé i bhfolach é sara bhfaighinn é* "he hid it lest I should find it"; *labhair go réidh sara n-aireofaí thú* "speak low lest they should hear you (you should be overheard)" see p. 110.

Fé mar "as, as if": *fé mar aduart leat* "as I told you"; *bhí sé ag screadaigh fé mar a bheadh pian air* "he was crying out as if he were in pain".

You have learned to use *is* and *tá* correctly (Lessons VIII and X). In sentences of mere description, where the predicate is a noun, a peculiar construction with *tá* and the preposition *ar* "on" is common: *tá sé ar an ngarsún is fearr sa rang* "he is the best boy in the class" = *is é an garsún is fearr sa rang é*; *bhí sé ar dhuine desna daoine ba léannta a bhí san áit* "he was one of the most learned men in the place" = *duine desna daoine ba léannta . . . dob ea é*; *tá sí ar chailín chomh deas agus a gheofá* "she is as pretty a girl as you would find".

VOCABULARY

ach chomh beag *either* (after a negative)

ait (at) *queer, strange*

ar dtús (er-doosh) *at first*

bus m. *bus*

cathair (kahir) f. *city*

céile (kēli) m. and f. *companion, partner*; i dteannta a chéile *together*

cérbh í féin? *who was she?*

comhrá (kô-raà) m. *conversation*

costas (kösḏǎs) m. *cost*

cuimhním (kee-neèm) *I remember*

cuirim moill ar *I delay* (trans.)

déanach (deeanǎch) *late*

fágaim slán (ag) *I say goodbye* (*to*)

feitheamh (fihǎv) le *awaiting*

fíor-bheagán *a very little*

laetheanta saoire (lähǎnṯǎ seeri) *holidays*

sara fada *before long*

slua (slooǎ) m. *crowd*

taitneann sé liom (*I like it, him*

teacht ar cuairt (chun) *to visit*

tuath (ṯooǎ) f.: ar an dtuaith *in the country*

uaigneas (ooǎginǎs) m. *loneliness*

Exercise 61

1. Do chuas féin agus Séamas don Daingean inné agus casadh Liam Ó Murchadha orainn. 2. Mac driféar do Mháire Ní Dhomhnaill is ea é. 3. "Conas taoi?" ar seisean. "Is fada ná faca thú." 4. "Cad na thaobh", arsa mise leis, "ná tagann tú ar cuairt chúinn?" 5. "Is annamh a théim go dtí an baile mór, mar is fada liom an turas nuair ná bíonn gnó agam ann." 6. Do thosnaigh sé ag cur ceisteanna orm fé mar ná beadh aithne aige orm i n-aon chor. 7. Ar airís a leithéid riamh? Is ait an duine é. 8. Dúirt sé liom go bhfuil tithe nua dá ndéanamh ar Bhóthar na Trágha agus gur dóigh leis go bhfaighidh sé ceann acu. 9. D'imíos uaidh sara gcuirfeadh sé fearg orm. 10. Níor dheineas ach fíor-bheagán cainte leis. 11. Thánag abhaile ar an mbus, agus do bhíos anso ar a sé a chlog. 12. Ba dhóbair go dtitfinn agus mé ag teacht anuas den bhus, ach tharla go raibh mo dheartháir ag feitheamh liom agus d'éirigh leis breith orm.

Exercise 62

1. James Murphy and I were in Killarney on Thursday, and we met a niece (brother's daughter) of James's.[1] 2. I did not

[1] See p. 79.

recognise her at first, and she did not recognise me either; but when she spoke to James, I knew who she was. 3. She lives (is living) in Cork now, and she comes to Killarney only to spend holidays there. 4. "I cannot come oftener," she said, "for I find the journey too long and the cost too great." 5. We spent the day together, and in the evening we went to the station with her. 6. "May God bring you safe home!" said James. 7. "Don't forget to visit us before long." 8. "I thought she spoke as though she did not like the city", said I, when she had gone. 9. "Perhaps she is lonely," said James. 10. "I am glad that I live in the country." 11. We were almost late for the bus, but it happened that there was a big crowd waiting for it, and that delayed it.

Passages of Irish Prose and Verse
(i)

The most successful writer of the Munster dialect is Canon Peter O'Leary (1839-1920), and the learner will do well to begin his reading with O'Leary's works. Here is the beginning of the story of *Séadna*, generally considered his best book:

Bhí fear ann fadó agus is é ainm a bhí air ná Séadna. Gréasaí ab ea é. Bhí tigh beag deas cluthar aige ag bun cnoic, ar thaobh na fothana. Bhí cathaoir shúgáin aige do dhein sé féin dó féin, agus ba ghnáth leis suí inti um thráth-nóna, nuair a bhíodh obair an lae críochnaithe, agus nuair a shuíodh sé inti bhíodh sé ar a shástacht. Bhí mealbhóg mine aige ar crochadh i n-aice na tine, agus anois agus arís chuireadh sé a lámh inti agus thógadh sé lán a dhoirn den mhin, agus bhíodh sé á chogaint ar a shuaimhneas. Bhí crann úll ag fás ar an dtaobh amuigh de dhoras aige, agus nuair a bhíodh tart air ó bheith ag cogaint na mine, chuireadh sé lámh sa chrann san agus thógadh sé ceann desna húllaibh, agus d'itheadh sé é.

Lá dá raibh sé ag déanamh bróg, thug sé fé ndeara ná raibh a thuilleadh leathair aige, ná a thuilleadh snátha, ná a thuilleadh céarach. Bhí an taoibhín déanach thuas agus an greim déanach curtha, agus níor bh'fholáir dó dul agus abhar do sholáthar sara bhféadfadh sé a thuilleadh bróg a dhéanamh. Do ghluais sé ar maidin, agus bhí trí scillinge ina phóca, agus ní raibh sé ach míle ón dtigh nuair a bhuail duine bocht uime, a d'iarraidh déarca.

"Tabhair dhom déirc ar son an tSlánaitheora agus le hanaman do mharbh, agus tar cheann do shláinte," arsan duine bocht.

Thug Séadna scilling dó, agus ansan ní raibh aige ach dhá scilling. Dúirt sé leis féin go mb'fhéidir go ndéanfadh an dá scilling a ghnó. Ní raibh sé ach míle eile ó bhaile nuair a bhuail bean bhocht uime agus í cos-nochtaithe.

"Tabhair dhom cúnamh éigin," ar sise, "ar son an tSlánaitheora, agus le hanaman do mharbh, agus tar cheann do shláinte."

Do ghlac trua dhi é, agus thug sé scilling di, agus d'imigh sí. Do bhí aon scilling amháin ansan aige, ach do chomáin sé leis, ag brath air go mbuailfeadh seans éigin uime a chuirfeadh ar a chumas a ghnó a dhéanamh. Níor bh'fhada gur casadh air leanbh agus é ag gol le fuacht agus le hocras.

"Ar son an tSlánaitheora," arsan leanbh, "tabhair dhom rud éigin le n-ithe."

Bhí tigh ósta i ngar dóibh, agus do chuaigh Séadna isteach ann, agus cheannaigh sé bríc aráin agus thug sé chun an linbh é. Nuair a fuair an leanbh an t-arán d'athraigh a dhealbh. D'fhás sé suas i n-aoirde, agus do las solas iontach 'na shúilibh agus 'na cheannaithibh, i dtreo go dtáinig scanradh ar Shéadna. Chomh luath agus d'fhéad sé labhairt, dúirt sé:

"Cad é an saghas duine thusá?" Agus is é freagra a fuair sé:

"A Shéadna, tá Dia buíoch díot. Aingeal is ea mise. Is mé an tríú haingeal gur thugais déirc dó inniu ar son an tSlánaitheora. Agus anois tá trí ghuí agat le fáil ó Dhia na glóire. Iarr ar Dhia aon trí ghuí is toil leat, agus gheobhair iad. Ach tá aon chomhairle amháin agam-sa le tabhairt duit—ná dearmhad an trócaire."

"Agus an ndeirir liom go bhfaighead mo ghuí?" arsa Séadna.

"Deirim, gan amhras," arsan t-aingeal.

"Tá go maith," arsa Séadna. "Tá cathaoir bheag dheas shúgáin agam sa bhaile, agus an uile dhailtín a thagann isteach, ní foláir leis suí inti. An chéad duine eile a shuífidh inti, ach mé féin, go gceangla sé inti!"

"Faire, faire, a Shéadna!" arsan t-aingeal; "sin guí bhreá imithe gan tairbhe. Tá dhá cheann eile agat, agus ná dearmhad an trócaire."

"Tá," arsa Séadna, "mealbhóigín mine agam sa bhaile, agus an uile dhailtín a thagann isteach, ní foláir leis a dhorn a shá inti. An chéad duine eile a chuirfidh lámh sa mheal-bhóig sin, ach mé féin, go gceangla sé inti, féach!"

"Ó, a Shéadna, a Shéadna, níl fasc agat!" arsan t-aingeal. "Níl agat anois ach aon ghuí amháin eile. Iarr trócaire Dé dot' anam."

"O, is fíor dhuit," arsa Séadna, "ba dhóbair dom é dhearmhad. Tá crann beag úll agam i leataoibh mo dhorais, agus an uile dhailtín a thagann an treo, ní foláir leis a lámh do chur i n-airde agus úll do stathadh agus do bhreith leis. An chéad duine eile, ach mé féin, a chuirfidh lámh sa chrann san, go gceangla sé ann!—Ó! a dhaoine," ar seisean, ag sceartadh ar gháirí, "nach agam a bheidh an spórt orthu!"

Nuair a tháinig sé as na trithíbh, d'fhéach sé suas agus bhí an t-aingeal imithe. Dhein sé a mhachnamh air féin ar feadh tamaill mhaith. Fé dheireadh thiar thall, dúirt sé leis féin: "Féach anois, níl aon amadán i n-Éirinn is mó ná mé! Dá mbeadh triúr ceangailte agam um an dtaca so, duine sa chathaoir, duine sa mhealbhóig, agus duine sa chrann, cad é an mhaith a dhéanfadh san domh-sa agus mé i bhfad ó bhaile, gan bhia, gan deoch, gan airgead?"

Ní túisce a bhí an méid sin cainte ráite aige ná thug sé fé ndeara os a chomhair amach, san áit ina raibh an t-aingeal, fear fada caol dubh, agus é ag glinniúint air, agus tine chreasa ag teacht as a dhá shúil ina spréachaibh nimhe

Bhí dhá adhairc air mar a bheadh ar phocán gabhair, agus
meigeall fada liath-ghorm garbh air; eireaball mar a bheadh
ar mhada rua, agus crúb ar chois leis mar chrúb thairbh. Do
leath a bhéal agus a dhá shúil ar Shéadna, agus do stad a
chaint. I gcionn tamaill do labhair an Fear Dubh.

"A Shéadna," ar seisean, "ní gá dhuit aon eagla do bheith
ort romhamsa. Nílim ar tí do dhíobhála. Ba mhian liom
tairbhe éigin a dhéanamh duit, dá nglacthá mo chomhairle.
Do chloiseas thú, anois beag, á rá go rabhais gan bhia, gan
deoch, gan airgead. Thabharfainn-se airgead do dhóthain
duit ar aon choinníoll bheag amháin."

"Agus greadadh trí lár do scart!" arsa Séadna, agus
tháinig a chaint dó; "ná féadfá an méid sin do rá gan duine
do mhilleadh led' chuid glinniúna, pé hé thú féin?"

"Is cuma dhuit cé hé mé, ach bhéarfad an oiread airgid
duit anois agus cheannóidh an oiread leathair agus choi-
meádfaidh ag obair thú go ceann trí mblian ndéag, ar an
gcoinníoll so—go dtiocfair liom an uair sin."

"Agus má réitím leat, cá raghaimíd an uair sin?"

"Cá beag duit an cheist sin do chur nuair a bheidh an
leathar ídithe agus bheimíd ag gluaiseacht?"

"Bíodh ina mhargadh!" arsa Séadna.

"Gan teip?" arsan Fear Dubh.

"Gan teip," arsa Séadna.

"Dar bhrí na mionn?" arsan Fear Dubh.

"Dar bhrí na mionn," arsa Séadna.

(ii)

One of the finest poets of the modern period is Eoghan Rua
Ó Súilleabháin (1748-1784). This lullaby is chosen for its
simplicity. The metres of his songs are a matter for separate
study. They are based on an elaborate system of rhymes.
The metrical analysis of the second verse here is as follows:

$$\smile x \smile \text{ú} \smile \text{ú} \smile \text{ó}$$
$$\smile x \smile \text{ú} \smile \text{ú} \smile \text{ó}$$
$$\smile x \smile \text{a} \smile \text{a} \smile \text{ó}$$
$$\smile x \smile \text{í} \smile \text{í} \smile \text{ó}$$

It will be noticed that the final rhyme in -ó is maintained throughout the poem.

Seóthó, a thoil, ná goil go fóill.

Seóthó, a thoil! ná goil go fóill.
Do gheobhair gan dearmad taisce gach seoid
Do bhí ag do shinsear ríoga romhat
I n-Éirinn iath-ghlais Choinn is Eoghain.
    Seóthó, a thoil! ná goil go fóill.
    Seóthó, a linbh, a chumainn 's a stór,
    Mo chúig céad cumha go dubhach faoi bhrón
    Tú ag sileadh na súl 's do chom gan lón!

Do gheobhair ar dtúis an t-úll id' dhóid
Do bhí ag an dtriúr i gclúid id' chomhair,
An staf bhí ag Pan—ba ghreanta an tseoid—
'S an tslat bhí ag Maois ghníodh díon dó 's treoir.
    Seóthó, a thoil! etc.

Do gheobhair 'na bhfochair sin lomra an óir
Thug Iason tréan don Ghréig ar bord,
'S an tréan-each cuthaigh mear cumasach óg
Do bhí ag Coin Chulainn, ceann urraidh na sló
    Seóthó, a thoil! etc.

Do gheobhair slea Aicill ba chalma i ngleo,
Is craoiseach Fhinn gan mhoill id' dhóid,
Éide Chonaill dob ursa le treoin,
Is sciath gheal Naois ó Chraoibh na sló.
    Seóthó, a thoil! etc.

Do gheobhair saill uaim, fíon is beoir,
Is éadach greanta ba mhaise do threoin;
Ach ó chím do bhuime chúm sa ród
Ní gheallfad uaim duit duais níos mó.
    Seóthó, a thoil! etc.

Hush, darling! Don't cry just yet!
You shall get without fail possession of every treasure
That your royal ancestors had before you
In green-clad Ireland of Conn and Eoghan.
>   Hush, darling! Don't cry just yet!
>   Hush, baby, my love and my treasure!
>   My five hundred sorrows, as I lament
>   That you are crying your eyes out on an empty stomach!

You shall get first into your hand the apple
Which the Three Maidens put aside for you,
The staff of Pan—it was a handsome treasure—
And the rod of Moses which protected and guided him.
>   Hush, darling!

You shall get with them the Golden Fleece
Which brave Jason brought in a ship from Greece,
And the mettlesome swift horse, young and sturdy
Of Cú Chulainn, the leader of the hosts.
>   Hush, darling!

You shall get the spear of Achilles who was valiant in battle
And the javelin of Finn into your hand without delay,
The armour of Conall who stood with the brave,
And the bright shield of Naoise from the Branch of the
Hosts![1]
>   Hush, darling!

You shall have bacon from me, wine and beer,
And handsome clothes that would do honour to warriors;
But I see your nurse coming along the road,
So I will promise you no more rewards.
>   Hush, darling!

[1] The banquet-hall at Emain Macha.

Conclusion.

For further reading we recommend Hyde's old books *Beside the Fire* and *The Love-Songs of Connacht*, if the reader can get hold of them. Both have an English translation opposite to the Irish text. They are written in the Connacht dialect, but the reader who has mastered the lessons given here should have no great difficulty with them, apart from the old spelling. It was of the *Love-Songs* that Yeats said: "the prose parts of this book were the coming of a new power into language." He meant, of course, Hyde's English translation, but one of the claims of Modern Irish upon the English-speaking world is that it is the source of that power.

Failing these, for they are out of print and could only be found in public libraries, O'Leary's *Séadna*, *Bricriu* and *An Craos-Deamhan* are good books to begin with. There is a complete vocabulary to *Séadna*, sold separately, which is useful for all his books, but Dinneen's Irish Dictionary is indispensable. O'Leary's autobiography, *Mo Sgéal Féin*, may also be recommended. The next step will be to tackle the famous autobiography of Tomás Ó Criomhthain, *An tOileánach*, of which there is a translation by Robin Flower, *The Islandman*; and then two other books from Corca Dhuibhne, *Fiche Blian ag Fás*, by Muiris Ó Súilleabháin[1] and *Peig* by Peg Sayers. By that time the reader will be choosing for himself, and beginning to feel his way into the Munster poetry of the seventeenth and eighteenth centuries, and perhaps even the lyric and bardic poetry of an earlier time.

---

[1] *Twenty Years A-Growing*, translated by Moya Llywelyn Davies and George Thomson, London, 1933.

PART III

Key to the Exercises.

Exercise 1

1. The box is full. 2. There is a bottle there. 3. The book is lost. 4. The road is straight. 5. Is the bottle empty? 6. No there is milk in it. 7. Is the milk not sour? It is. 8. The fish is fresh. 9. Is (the) dinner ready? 10. It is not ready yet. 11. The boy is sick. 12. Is there money here? 13. The man is tired. 14. Is not the day windy? 15. Yes, but it is not cold.

Exercise 2

1. Tá na boscaí lán. 2. Tá buidéil ansan. 3. Tá na leabhair caillte. 4. Tá na bóithre díreach. 5. An bhfuil na buidéil folamh? 6. Nílid. 7. Ná fuil na boscaí ullamh? 8. Tá na garsúin breoite. 9. Tá na fir tuirseach.

Exercise 3

1. The family is young. 2. The hens are sold. 3. The window is open. 4. Is it closed? 5. No, it is open. 6. The shoe is very small. 7. The drink is very sweet. 8. Is it warm? 9. No, it is cold. 10. The hand is sore. 11. The knife is sharp. 12. The rope is broken. 13. The eyes are closed. 14. The knife is clean. 15. Are the shoes worn out? No. 16. Is the street wet? 17. No it is dry. 18. The pig is fat.

Exercise 4

1. Tá an bia fuar, ach tá an deoch te. 2. Tá na bróga caite. 3. An bhfuil na sceana glan? 4. Nílid, táid siad salach. 5. Tá na doirse dúnta agus tá na fuinneoga ar oscailt. 6. An bhfuil na sráideanna díreach? 7. Nílid, táid siad cam. 8. An bhfuil na muca díolta? Táid. 9. Tá na cearca ramhar. 10. An bhfuil

an tsúil tinn? 11. Tá na lámha fuar. 12. Tá an téad tirim. 13. Tá an fhuinneog briste. 14. Tá an tsráid ana-chiúin.

Exercise 5

Do chailleabhair; do chuireadar; do chreideamair; do líonabhair; do dhíoladar; d'fhanamair; do scríobhabhair; do thuigeadar.

Exercise 6

Díolann sibh; iarraid; féachann tú; caillimíd; titeann sé; múineann sibh; stadaimíd; tuigim.

Exercise 7

A. 1. Léimíd na leabhair. 2. Ólann an garsún an bainne. 3. Ní thuigid (or Ní thuigeann siad). 4. Titeann sibh. 5. Caithim an t-airgead. 6. Glanann tú an scian. 7. Dúnann siad (dúnaid) an doras, ach ní dhúnann siad (dhúnaid) an fhuinneog. 8. An dtuigeann sibh? 9. An gcreideann sé? 10. Ní chreideann. 11. Scríobhann sé litir. 12. Ceileann sé an fhírinne.

B. 1. Do thuigeadar na focail. 2. Ar chreid an sagart na garsúin? 3. Do chaillis an t-airgead. 4. Ar bhuail sé an gadhar? 5. Do líonamair na buidéil. 6. Ar ól na garsúin an t-uisce? 7. Níor óladar, ach d'óladar bainne. 8. Ar léis an páipéar? 9. Léann na sagairt na leabhair.

Exercise 8

1. The priest's horse is lame. 2. They left a wooden box on the floor. 3. The boy's coat is very big. 4. They lost a bag of money on the road and they are troubled and sad. 5. She left a bottle of milk and a glass of water on the table. 6. They broke the window with stones. 7. The hens are at the window. 8. The dog is under the table. 9. The boys' room is dark. 10. We shut the window of the room. 11. Did you take the money from the boy? Yes. 12. The men leave the horses in the field.

Exercise 9

1. Tá cos an ghadhair briste. 2. Léann sé leabhair an ghar-súin. 3. Do chuireamair an t-airgead fén gcloich. 4. Tá an cat fén bhfuinneoig agus tá an gadhar ag an ndoras. 5. Ar chaillis airgead an tsagairt? 6. Do chuir sé gloine ar an mbord. 7. Briseann na fir clocha ar an mbóthar. 8. Tá an fear ag ceann an bhoird. 9. Ritheann na capaill timpeall na páirce. 10. Do bhain sé na leabhair desna garsúnaibh. 11. D'fhága-mair fuinneog an tseomra ar oscailt. 12. Tá fráma na fuin-neoige deisithe.

Exercise 10

1. God and Mary to you, Tim! 2. God and Mary to you and Patrick! How are you? 3. I am well, thank God! How are you all at home? 4. We are well. 5. John is in Killarney, but Michael and Nora are here. They are inside in the house. 6. Where are the young boy and the young girl? 7. They are out in the garden. 8. Tom left the scythe over there under the hedge. 9. We put the horses into the stable.

Exercise 11

1. Dia's Muire dhuit, a Thomáis! Conas taoi? 2. Táim go maith, buíochas le Dia! 3. An bhfuil na páistí sa bhaile? 4. Táid go léir istigh sa chistin. 5. An bhfuil Mícheál amuigh sa chlós? 6. Tá, ach tá Seán agus Nóra i gCorcaigh. 7. Tá na garsúin thall ansan sa pháirc. 8. Cá bhfuil an speal? 9. Tá sí anso fén bhfál.

Exercise 12

1. Mary has new shoes. 2. There is a young dog on the road. 3. Tim has an overcoat now. 4. The priest has said (read) Mass. 5. Patrick has written a letter. 6. The child has shut the door. 7. The boys have broken the window. 8. The dog has a little stick. 9. There is a new school on top of the hill. 10. Michael has lost the money.

Exercise 13

1. Tá an litir léite ag Tomás. 2. Tá gúna nua ag Eibhlín.

3. Tá na leabhair caillte ag an bhfear óg. 4. Tá trucail ag an ndoras. 5. Tá an bainne ólta ag an bpáiste. 6. Tá airgead ag an bhfear. 7. Tá an cóta mór caillte ag Tadhg. 8. Tá na buidéil briste ag na garsúnaibh. 9. Tá an tseana-scoil dúnta agus tá scoil nua déanta ar bharra an chnoic. 10. Tá an litir scríte ag Maighréad.

Exercise 14

1. We are drinking water. 2. We were talking to the policeman. 3. Was John here this morning? 4. Yes; and he was looking at the young horse. 5. Were you talking to him? Yes. 6. He will be coming again tomorrow. 7. The men are breaking stones on the road. 8. Where are the other boys? 9. Are they picking the potatoes? 10. They are tired now, and the potatoes are not all picked yet. 11. They will be going home tomorrow, and they will not be coming any more.

Exercise 15

1. Bhíodar ag glanadh na bhfuinneog. 2. Bhíomair ag obair ar na bóithre. 3. An mbeir (mbeidh tú) ag teacht anso arís amáireach? 4. An bhfuilir ag dul abhaile anois? 5. Tá an sagart ag rá an Aifrinn anois. 6. Tá Maighréad agus Eibhlín ag féachaint ar na fearaibh ag buaint an choirce. 7. An mbeid siad ag bearradh na gcapall? 8. Ní bheid, tá sé fuar fós. 9. An rabhdar ag briseadh na gcloch? 10. Ní rabhdar; bhíodar ag tarrac isteach an fhéir. 11. Tá sí ag scuabadh an urláir. 12. Táimíd tuirseach, ach nílmíd sásta fós.

Exercise 16

1. Níor chaitheas. Ar chaitheas? Nár chaitheas? 2. Níor fhanamair. Ar fhanamair? Nár fhanamair? 3. Níor ólais. Ar ólais? Nár ólais? 4. Níor dhíoladar. Ar dhíoladar? Nár dhíoladar? 5. Níor fhéach sé. Ar fhéach sé? Nár fhéach sé? 6. Níor bhaineadar. Ar bhaineadar? Nár bhaineadar? 7. Níor iarr sibh. Ar iarr sibh? Nár iarr sibh? 8. Níor thuigis. Ar thuigis? Nár thuigis?

Exercise 17

1. Níor chreid na páistí an scéal. 2. Ar thuigeadar an scéal? Níor thuigeadar. 3. Nár nigh sí na miasa? Do nigh. 4. Níor scríobhas an litir. 5. Ar ólais an bainne? 6. Níor chrúis an bhó. 7. Nár dhíoladar na capaill? 8. Ar dhúnamair na fuinneoga? 9. Níor chaitheadar an t-airgead. 10. Ar fhan sé sa bhaile mhór? 11. Nár fhéachadar ar an bpáipéar? 12. Ar thit an páiste isteach insan uisce? 13. Níor bhaineamair an féar fós.

Exercise 18

(i) 1. We break them. 2. He concealed it. 3. He lets us in. 4. Did he put you out? 5. We lost them. 6. Did he strike you? 7. We did not believe her. 8. She left me there.

(ii) 1. My book is lost, but your book is over there on the stool. 2. I shall be going away tomorrow. 3. Will you be going to Dublin yourself? No. 4. My son is ill and I must stay at home. 5. I did my best, but they did nothing. 6. Your hands are dirty and my hands are dirty also. 7. The girls were tired and even the boys were complaining. 8. Has he not put out the dogs yet? 9. No, but I will put them out now. 10. We ate our meal a while ago, and your share will be cold. 11. My father is in Cork but your father is at home.

Exercise 19

(i) Mo hata-sa; do mhaide-se; a bhróga-san; a bosca-sa; ár leabhair-ne; bhur n-athair-se; a bpáistí-sean. Creidim thú. Ar chreidis í? Do chuir sé iad-san amach agus do lig sé mise isteach. Ar fhágadar ann sibh? Do chailleamair é. Creidcann sé sinn.

(ii) 1. Tá mo thigh-se anso, agus tá a thigh-sean thall ansan ar an gcnoc. 2. Dhein seisean a dhícheall, ach níor dheinis-se pioc. 3. Tá a bróga-sa nua agus tá mo bhróga-sa caite. 4. Tá ár leabhair-ne caillte; cá bhfuil bhur leabhair-se? 5. Beimíd-ne ag imeacht amáireach, ach beidh sibh-se ag fanúint anso. 6. D'itheadar-san a ndinnéar ó chianaibh. 7. Ar itheabhair-

se bhur gcuid féin fós? 8. Bead-sa ag dul go Corcaigh agus
beidh sise ag fanúint i mBaile Átha Cliath. 9. Do bhuainea-
mair ár gcuid coirce inné. 10. Ar bhuaineabhair-se bhur
gcuid féin fós? 11. Do chreid sise an scéal, ach níor chreideas-
sa pioc de.

Exercise 20

1. That is a book. 2. This is a scythe. 3. That is a boat. 4. Is
that your coat? 5. No, it is John's coat. 6. Is this your
money? Yes. 7. This is an Irish book. 8. I am the teacher and
you are the pupils. 9. Are those the Americans? No. 10. They
are the Englishmen. 11. That is the captain. 12. Is the big
tall man the captain? 13. No, but the small man beside him.
14. This is my mother coming in now, and that is Mary with
her. 15. John is strong, but he is not as strong as James.
16. Is James the doctor? 17. Yes, and he is a good doctor.
18. Where is John? 19. He is out in the garden working.
20. He is a wonderful man for work. 21. He was sick but he is
hale and hearty now. 22. Which is that, barley or oats? 23.
That is wheat and this is oats, but there is no barley in the
field. 24. It was a great pity that we were not there in time.

Exercise 21

1. Tigh ana-mhór is ea é. 2. Is bord é sin agus is cathaoir í
seo. 3. Cé acu bád nó long í sin? 4. Bád seoil is ea í. 5. Sin iad
mo bhróga-sa. 6. Múinteoir is ea é. 7. An é seo do chuid
móna-sa? 8. Ní hé; tá mo chuid-se sa phortach fós. 9. Cé
acu cruithneacht nó eorna é sin? 10. Ní cruithneacht ná
eorna é, ach coirce. 11. Scian ghlan is ea í seo. 12. An
Sasanaigh iad san? 13. 'Sea; is iad na hiascairí iad atá sa
tigh ósta. 14. Is iad na Gearmánaigh iad so. 15. Is iad na
fir mhóra na Meiriceánaigh. 16. Is éachtach na fir iad na
Gearmánaigh chun oibre. 17. Cá bhfuil Síle? 18. Tá sí istigh
sa tigh ag ní na mias. 19. Beidh sí ullamh go luath. 20.
Garsún mór is ea Séamas, ach níl sé chomh hard le Síle. 21. Is
mór an trua go bhfuil sí chomh hard. 22. Múinteoir is ea
Seán agus is é Séamas an dochtúir. 23. An múinteoir maith

é Seán? 'Sea. 24. Nach é an fear ard úd (san) thall captaen an bháid? 25. Ní hé; is é an fear beag dubh lena ais an captaen. 26. An cluiche maith é seo? Ní hea.

Exercise 22

A. We used to run. I shall drink. They will write. He used to stay. We shall sell. You used to look. I will put them out. They used to leave the children at home.

B. 1. The big man was talking to a small boy. 2. When will they put out the young horses? 3. Those big books are very heavy. 4. We shall stay in Cork to-night. 5. John used to live in Dublin but he is not there now. 6. I will sell the black cow tomorrow. 7. The heavy stones are on the road-side. 8. Michael was sitting on the stool when I came in. 9. He was silent and I was talking. 10. He is standing at the door now. 11. He used to leave the red cow's milk in the white pail. 12. They used to be there every morning, and they used to clean the house. 13. We shall let out the cows in the evening. 14. They will reap the oats when it is ripe. 15. When it has been drawn in, they will thresh it with flails. 16. They will then winnow it and put the grain into sacks. 17. The garden looks lovely. 18. It is nice in summer. 19. It was not nice when I came here, but we were not long making it tidy.

Exercise 23

A. 1. Rithfead. 2. Ólfaid siad. 3. Do scríobhthá. 4. Fanfaid siad. 5. Do dhíolaidís. 6. Féachfaidh sé. 7. Buailfimíd iad. 8. Cuirfid siad amach é. 9. Do léimís na leabhair sin. 10. Fágfaid siad an t-airgead sa bhosca.

B. 1. Díolfaidh m'athair an tigh mór. 2. Níl sé ina chónaí ann anois. 3. Do bhuaileadh na fir an coirce le súistíbh agus chuiridís an gráinne isteach i málaíbh. 4. Do bhí an cailín beag ina seasamh sa pháirc nuair a chonac í. 5. Thánag isteach nuair a bhís-se ag dul amach. 6. Scaoilfidh na garsúin bheaga na gadhair amach. 7. An rabhais id dhúiseacht nuair a bhíodar ag teacht isteach? 8. Díolfaidh Máire an t-im sa

tsráidbhaile. 9, Is go Tráigh Lí a chuireadh sí é fadó. 10.
Cathain a ghlanfaidh Mícheál an gairdín? 11. Bhí mo dhear-
tháir ina chodladh nuair a thánag isteach. 12. Fágfad an
eochair fén gcloich mhóir. 13. Bhíomair-ne inár seasamh ag
an bhfuinneoig agus bhíodar san ina suí ar an urlár. 14. Do
bhíos-sa ag caint ach d'fhan sise ina tost. 15. Do labhradh
sé go tapaidh ach do labhradh sé go maith. 16. Do bhíodh
na beithígh bhochta i gcónaí amuigh fén mbáistigh istoíche.
17. Do bhí an lá inné go breá. 18. Do bhí an ghaoth ag
séideadh go láidir, ach ní raibh an aimsir go holc.

Exercise 24

A. One horse. Two eyes. Three years. Four pounds. Five
books. Six houses. Seven cows. Eight horses. Nine boats.
Ten dogs. Seven shillings and tenpence.

B. 1. He was poor, but he is a rich man now. 2. He probably
has thousands of pounds. 3. He will be a doctor in a year's
time. 4. She was a good girl today, but she is not always
like that. 5. We were sitting on the fence when the tree fell.
6. It was a big tall tree. 7. We shall have it as fuel. 8. Wood is
good fuel. 9. When we were children we lived in the country
10. James is a solicitor and Thomas is a doctor. 11. He is a
very good doctor.

Exercise 25

A. 1. Aon chat amháin agus dhá ghadhar. 2. Trí maidí agus
cheithre liathróidí. 3. Cúig puint, sé scillinge agus seacht
bpingine. 4. Ocht ngadhair, naoi gcapaill agus deich mba.

B. 1. Bhí Tomás deich mbliana ina atúrnae ach tá
sé ina ghiúistís anois. 2. Tá sé ina fhear shaibhir. 3. Is dócha
go bhfuil dhá mhíle punt sa bhliain aige. 4. Beidh a mhac ina
fheirmeoir, mar tá talamh acu i gcontae na Midhe. 5. Nuair a
bhíodar ina ngarsúnaibh do bhíodar ina gcónaí ar an dtuaith.
6. Théadh Mícheál ar scoil sa Daingean nuair a bhí sé ina
gharsún bheag. 7. Nuair a bhíos im pháiste do bhíos im

chónaí sa chathair. 8. Do théimís go dtí an tráigh gach Domhnach. 9. Tá an máistir ina mhúinteoir mhaith. 10. Beidh na garsúin ina scoláirí maithe. 11. Bhí an lá inné ina lá ana-fhliuch. 12. Bhí sé fuar ar maidin, ach tá sé go breá brothallach anois.

Exercise 26

A. They will begin. I would refuse. We shall tell. They would buy. You will finish. They began. We rise. He would refuse. They turned. He bought.

B. 1. I shall finish the work tomorrow. 2. She asked her father what was going on (happening). 3. Thomas has not got up yet, but he will get up soon. 4. They go off home after school. 5. My mother buys butter once a week. 6. When I am talking to Tim I will offer him ten pounds for the calf. 7. I will take that knife from the child or he will hurt himself. 8. Sing a song, Tom, and then we shall go home. 9. The fishermen began fishing early this morning. 10. We will begin tomorrow, with the help of God. 11. We collected the money before the people left. 12. There is a fair in the town once a month and a market once a week. 13. Years ago people used to spend winter evenings telling stories, but they gave up that custom. 14. I shall open the window and this smoke will go away. 15. They inquired when the music would begin. 16. It will begin when we are ready.

Exercise 27

A. 1. Tosnaímíd. 2. Críochnóid siad. 3. Níor dhiúltaigh sé. 4. Ar insis? 5. Do cheannaíodar. 6. Do cheannóimís. 7. An n-iompóidís? 8. Ar thosnaíodar? 9. Ní neosadh sé. 10. Gortóidh tú.
B. 1. Ceannód na leabhair amáireach. 2. Éireoimíd go moch agus críochnóimíd an obair. 3. Fiafród dem mháthair cé bheidh ag teacht. 4. D'iompaíodar an féar inné, agus iompóid siad arís inniu é. 5. Tosnóidh an ceol nuair a bheidh na ceoltóirí ullamh. 6. Baileoimíd an t-airgead sara ligfimíd

na daoine isteach. 7. D'oscail sé an leabhar agus thosnaigh
sé ag léamh. 8. Nuair a bhíonn na hoícheanta fada imreann
na daoine cártaí. 9. Ní imreoid siad aon chártaí anocht.

Exercise 28

Masculine		Feminine	
amhrán	boiscín	bó	dilseacht
tarbh	sicín	gairbhe	deirge
gairdín	feirmeoir	cumhracht	fuinseog
ceannaí	robálaí	ciaróg	fearúlacht
		cráin	An Spáinn
		Bóinn	giúis
		dair	piseog
		ordóg	Sionainn

Exercise 29

A. 1. My two feet. 2. Her two eyes. 3. Your two hands. 4. His
two ears. 5. That poor man has only one eye, God bless the
mark! 6. John stayed (kneeling) on one knee for half an
hour. 7. The old man turned his head to listen. 8. One shaft
of that cart is broken. 9. His mother called John aside.

B. 1. There are big houses in the town. 2. The bank is between
the post-office and the chapel. 3. The boys went down the
street after the girls and stood at the door of the hall. 4. The
hall has high windows and two big doors. 5. The dance was
in progress when they arrived, and they bought tickets from
the door-man. 6. No one was allowed in without a ticket.
7. I saw them going home a while ago. 8. I ran out of the room
and hastened out on to the street. 9. I walked through the
town and round the lake east[1] to the bridge. 10. My dog was
with me. 11. I stood at the bridge and watched the fish down
below me in the water. 12. I did not cross the river at all. 13. I
turned back after a while. 14. When I was walking home
across the fields, a rabbit jumped out of a hole, and the dog
went after it but he did not overtake it.

[1] In Irish the direction is usually stated (as north, south, east or
west).

Exercise 30

A. 1. A dhá chois. 2. Mo dhá shúil. 3. A dhá bróig. 4. Tá an seana-shaighdiúir ar leath-láimh. 5. Is fearr bheith ar leath-shúil ná bheith dall ar fad. 6. Leath-chúpla is ea an cailín sin.

B. 1. Amach liom as an dtigh. 2. Bhí sé dorcha amuigh, mar bhí na tráthnóintí ag dul i ngiorracht. 3. Do shiúlaíomair trasna na bpáirceanna agus anonn thar an ndroichead. 4. Do bhí seanduine ina shuí i n-aice an droichid. 5. Do rith an gadhar mórthimpeall na páirce i ndiaidh na gcoiníní. 6. Ansan do shiúlaíos tríd an mbaile mór go dtí oifig an phoist, agus thánag abhaile gan mhoill. 7. Do bhuail do dheartháir umam sa tsráid. 8. D'imigh na cailíní go dtí an séipéal ó chianaibh. 9. Tá cuid den airgead caillte. 10. Do thóg sé den bhord é, agus chuir sé isteach i mbosca é a bhí fén ndriosúr.

Exercise 31

A. 1. Take[1] this sack from me and put it up on the loft. 2. They are lonely since Mary left them. 3. The policeman asked us what we wanted. 4. I shall wait for you if you like. 5. John showed me the new bicycle he has. 6. We went to Killarney yesterday, and we did not come home till this morning. 7. I shall ask him what he is doing. 8. Martin is a great rogue. 9. He is only a trickster, and he thinks too much of himself. 10. I will tell you something about him. 11. He asked us to come here today, but he did not wait for us. 12. He went out fishing early in the morning and he has not come back yet.

B. 1. Those flowers are withered. 2. I shall put them in the fire. 3. Do you like the smell of turf? 4. Yes, but wood is better as fuel. 5. They were exhausted after the race, and they went to bed. 6. She will come home at the end of the

---

[1] Contrast the use of *bainim* for taking by force (p. 37), a distinction not made in English.

year. 7. He jumped the fence and fell on the flat of his back.
8. Was he hurt? 9. He was not in much pain, but he was
ashamed. 10. Give me the boy's bicycle and I will go to
Dingle. 11. The dogs have the bones. 12. Cobblers and tailors
are good at telling stories.

Exercise 32

A. 1. Tháinig Diarmaid isteach ar maidin inniu. 2. D'fhia-
fraíos de cad a bhí uaidh, ach níor inis sé dhom. 3. Chuaigh
sé go Magh Chromtha tar éis dinnéir agus ní fhillfidh sé go
dtí amáireach. 4. Níl a fhios agam cad tá sé a dhéanamh
ann. 5. Chuaigh na buachaillí amach ag iascaireacht agus
tháinig an bháisteach orthu. 6. Nuair a thánadar abhaile
bhaineadar díobh na héadaí fliucha agus chuadar sa lea-
baidh. 7. Ní raibh Séamas i n-éineacht leo, mar bhí sé ag
baint fhéir. 8. Beidh an féar go maith acu i mbliana. 9. Neo-
saidh sé deireadh an scéil duit nuair a raghair go dtí an
tigh. 10. D'iarramair orthu dul go dtí an Daingean leis an im.
11. Níor fhéadadar é do dhíol anso sa tsráidbhaile. 12. Is
deacair airgead do dhéanamh na laetheanta so.

B. 1. Do cheannaíomair ualach móna ó fhear an bháid. 2.
Taitneann boladh na móna liom. 3. Is maith í an mhóin
mar abhar tine. 4. Is fearr linn-ne an t-adhmad. 5. Cad a
chosnaíonn punt caoireola? 6. Tá sí ana-dhaor anois; tá
sí chomh daor le mairteoil. 7. Mac feirmeora is ea an
buachaill sin agus is mian leis bheith ina mhúinteoir. 8. Tá
sé go maith chun foghlama. 9. Raghaidh na saighdiúirí go
Cill Dara Domhnach Cásca agus tiocfaid siad thar n-ais i
ndeireadh na bliana. 10. Tá mórán dathanna ar an gcrios
atá sí a dhéanamh. 11. An é sin tigh an tsiúinéara thall
ansan i n-aice an tséipéil? 12. Ní hé; sin é tigh an dochtúra
óig. 13. Do bhíos ag caint le mac an táilliúra agus deir sé
go mbeidh a athair ag fanúint i gCill Airne do dtí deireadh
na seachtaine. 14. Raghaimíd go tigh Thomáis i gcóir
suipéir agus tiocfaimíd thar n-ais roimh thitim na hoíche,
agus tiocfaidh Tomás i n-éineacht linn.

Exercise 33

1. I got a letter from my mother this morning. 2. She has asked me to come home in a week. 3. I shall go by train from Macroom on Friday. 4. Are you going to leave me here? 5. No. You may come with me. 6. You will probably get a letter tomorrow. 7. Did you hear the story about the three people who went fishing yesterday? 8. Their canoe turned over and they swam ashore. 9. Do you know them? 10. I know one of them well, and I told him not to go out at all. 11. What is going on out on the road? 12. Do you not hear the noise? No. 13. The boys are east under the cliff throwing stones into the sea. 14. They will get sense with age (when they are older).

15. Can he be here in an hour? 16. Have you had any news from Martin since he went away? 17. No. Perhaps I shall get a letter from him before long. 18. We have heard nothing about him except that he is lodging with his brother. 19. That is good news, little as it is. 20. The longer he stays in the Gaeltacht, the better he will learn Irish. 21. Good as the turf is, coal is better. 22. They were all dancing, both boys and girls. 23. They broke my window before they left. 24. Do you know where they went? No.

Exercise 34

1. Tá imní orthu, mar fuaireadar drochscéal óna n-inín inniu. 2. Tá sí breoite agus ní fhéadfaidh sí teacht abhaile go dtí deireadh an mhí. 3. An bhfuil a fhios agat cad a bhí uirthi? Níl a fhios. 4. B'fhéidir go bhfaighimís litir amáireach uaithi. 5. Ní bhfuaireas aon scéal óm mhuintir le seachtain. 6. Dá luaithe a scríobhfaidh tú chútha is ea is fearr. 7. Gheobhaidh tú freagra, is dócha. 8. Táid siad go léir imithe, idir fhir agus mná. 9. D'iarr m'athair orm dul go dtí an siopa agus tobac d'fháil dó. 10. Fuaireas coróin uaidh. 11. Chuas síos go dtí an siopa. 12. Nuair a chuas isteach, dúirt an cailín liom: "Cad tá uait? 13. Ní bhfaighir aon tobac uaim-se, mar níl ionat ach leanbh. 14. Abair le t'athair teacht." 15. Do gháir m'athair nuair a chuala sé an scéal. 16. Cé hé an fear san atá

ina sheasamh os comhair na tine? 17. Níl aon aithne agam air. 18. Is é an máistir scoile é. 19. Nílid tagtha abhaile fós. 20. Beidh tuirse agus ocras orthu tar éis na hoibre. 21. Codlóid siad go maith anocht.

Exercise 35

A. 1. He came to us. 2. We went to him. 3. I shall put a topcoat under you on the grass. 4. Did she go away from you? 5. They will take off their wet shoes when they come in. 6. Keep away from them now! 7. She is tired after the work. She is only a child. 8. I saw him ahead of me on the road. 9. He made me laugh. 10. We shall use that wood for firing. 11. He went past us but he did not see us. 12. We shall put a little (lit. "a drop of") milk in the cup and we shall add water to it. 13. There will not be a drink for everyone. 14. The men have been saving hay since morning, and they are thirsty and hungry now. 15. Give them that buttermilk to drink and it will take their thirst away.

B. 1. That is our neighbour's land. 2. The blacksmith went into the forge. 3. There is a broken leg on that chair: I shall have to put a new one on it. 4. Are all the chairs here? Yes. 5. I have not seen my brothers yet today. 6. Have you seen them anywhere? 7. Tell them that I went to count the sheep. 8. I will. 9. A friend's advice is a great help. 10. The friends are gone away and the neighbours' houses are lonely. 11. I see the big hills but I do not see any houses on them. 12. I used to see your father often when he used to come here. 13. You will see him again this year, for he is coming at the end of the month. 14. Shall I see your mother too, or will she stay at home? 15. I shall tell her to come if she possibly can.

Exercise 36

A. 1. Raghad chútha. 2. Bhaineadar díobh a gcasóga. 3. Bainfead gáire asat. 4. D'imigh sí uathu. 5. An bhfuil aon obair le déanamh acu? 6. Tá an suipéar ite againn cheana féin. 7. Chuir sí plaincéad fúinn. 8. Cad tá oraibh? 9. Bhíos ann roimpi.

B. 1. Raghaidh mo chairde abhaile amáireach. 2. Tá an gabha sa cheártain. 3. Tá na caoirigh ag ínníor sa pháirc i n-aice an tí. 4. Do théimís go tigh comharsan gach tráthnóna. 5. Tiocfaidh na comharsain go dtí ár dtigh-ne amáireach. 6. Chífead Mícheál ar maidin, agus neosaidh sé dhóibh é. 7. An bhfuil cathaoireacha againn i gcóir gach aon duine? 8. Tá drom na cathaoireach san briste. 9. Ní fheicim na cathaoireacha eile. 10. An bhfacaís i n-aon áit iad? 11. Ní fhaca. 12. Ar tháinig bean do charad fós? 13. Do tháinig. Tá sí ina seasamh amuigh i n-aice an dorais. 14. An ndéarfad léi teacht isteach? 15. Abair. 16. Do chínn go minic í sarar phós sí, nuair a bhíomair ag foghlaim na teangan.

Exercise 37

A. 1. If you sow the seed, we shall reap the harvest. 2. Come early if you can! 3. If you give them enough to eat, they will be satisfied. 4. If they do their best, they will succeed; and if they don't they won't. 5. If he does not like to go with the others, he can go there alone. 6. If in fact he saw the accident, it is he who knows best what happened. 7. If we had (had) an opportunity, we should do (or "have done") the work in time. 8. If you (had) understood him correctly, you would take (have taken) his advice. 9. If yesterday had been fine, we should have been out in the garden. 10. If tomorrow is wet, we shall stay at home. 11. If in fact the land were for sale, I should buy it. 12. If I were not (had not been) there, I could not welcome (have welcomed) him. 13. If I had not been there early, I should not have seen him at all. 14. How could a person understand Irish unless he learned it?

B. 1. We shall probably have frost tonight. 2. Why has John gone to town? 3. He thought that perhaps Kathleen would be coming home. 4. We thought she would not come

for a fortnight. 5. I thought she would be here by evening. 6.
Perhaps she will come yet. 7. Why did she not stay at home?
8. Her mother says it is hard to satisfy her. 9. She was
afraid that Mary would be lonely. 10. How does she know
that Mary will be there to meet her? 11. She wrote to her
and said she would be expecting her. 12. She will wait until
Kathleen is with her. 13. Kathleen ought to be delighted.
14. I was not long there when I became lonely. 15. I failed
to do the work although I did my best. 16. I went up to
him in order to speak to him. 17. It was as well for him to
finish the work, since he began it at all. 18. I did not go
there as I had business at home. 19. It was so dark that we
thought night had come. 20. The wise man is silent when he
has nothing to say.

Exercise 38

A. 1. Má thagann tú go luath amáireach tabharfad duit an
t-airgead. 2. Thabharfainn duit inné é dá dtagthá i n-am.
3. Tair más féidir leat é, agus maran féidir, raghad-sa chút.
4. Má labhrann sé go mall, b'fhéidir go dtuigfimís é. 5. Más
mian leo teacht, beidh fáilte rompu, ach ní iarrfad-sa orthu
teacht. 6. Cad 'na thaobh go n-íosfaidís feoil más fearr leo
iasc? 7. Dá ndéarfaimís é sin chuirfeadh sé ana-fhearg
orthu. 8. Más rud é go ndúradar é sin ní raibh an ceart acu.
9. Mara mbeadh go bhfaca ann é, ní chreidfinn go raibh sé
i mBaile Átha Cliath. 10. Conas a chloisfidís an scéal mara
mbeadh gur innis duine éigin dóibh é?

B. 1. Cad 'na thaobh go bhfuil Máirtín ag dul go Corcaigh?
2. Is dóigh leis go mbeidh an bád ag dul ó dheas seachtain
ón lá inniu. 3. Deir sé gur mian leis dul i n-éineacht lena
dheartháir. 4. Tá a fhios agam gur mhaith leis dul ann, ach
caithfidh sé fanúint go dtí amanathar. 5. Is eagal leo go
gcreidfidh daoine an rud a deir sé. 6. Abair leis go bhfan-
faimíd go dtí go mbeidh sé ullamh. 7. Cad 'na thaobh nár
chuais ar scoil inné? 8. Deir an máistir ná rabhais ann. 9. Ba
chóir go mbeadh náire ort! 10. Nuair a chonaic sé na fir ag

teacht, d'éirigh sé chun fáilte a chur rompu. 11. Do thuga-
mair béile dhóibh sarar imíodar. 12. Níor fhanadar i bhfad
mar bhí tuirse orthu. 13. Bhí an oíche chomh dorcha gur
chuamair amú. 14. Níor cheannaíomair aon ní toisc ná
raibh aon airgead againn. 15. Cé go bhfuil misneach agat
níl puinn céille agat. 16. Bíonn na páistí ag gearán nuair ná
bíonn aon ní le déanamh acu.

Exercise 39

1. What would you like for dinner? 2. Do you like fish? 3. No;
I prefer eggs with potatoes. 4. Is the butter on the table?
5. I am afraid it isn't. 6. I forgot to buy it when I was in the
shop. 7. I am sorry I did not remind you of it, but I did not
see you before you went off. 8. Would you mind closing the
window? 9. No, but I can't. 10. We may as well do a bit of
work. 11. Do you think it will be cold this evening? 12. Shall
we need a fire? 13. No. I don't mind the cold. 14. Do you
know this place well? 15. Indeed I do, but I do not know
where the hospital is. 16. I can ask someone. 17. I used to
know a doctor there, but he died last year. 18. Everyone
liked him and he well deserved it. 19. He used to do his best
for anyone who was sick, and no one grudged him the money
he asked.

Exercise 40

1. Ba mhaith liom litir a scríobh, ach ní féidir liom peann
d'fháil. 2. Cheannaigh m'athair ceann dom ach tá sé caillte
agam. 3. Níor mhiste dhuit ceann eile a cheannach. 4. Is
leor aon cheann amháin dom. 5. Is fada liom fanúint
go dtí go bhfaighead arís é. 6. Dob' ionadh leo go rabhamair
chomh tuirseach. 7. Cé acu is fearr leat, té nó bainne? 8. Is
cuma liom. 9. Bainfidh aon tsaghas dí an tart díom. 10.
Gheobhaimíd go léir bás, ach níl a fhios againn cathain ná
canad. 11. Is maith leis an ndochtúir a dhícheall a dhéanamh
dúinn go léir. 12. Ní miste leis fanúint leat. 13. Is trua linn
moill a chur air. 14. Ar mhiste leat an doras a dhúnadh?
15. Níor mhiste, ach ní dóigh liom go bhfuil sé ar oscailt.

16. An maith le Mícheál iasc i gcóir suipéir? 17. Níl a fhios agam. Is fearr liom-sa uibhe. 18. An bhfuil a fhios agat cá bhfuil an stáisiún? 19. Níl a fhios, ach féadfaidh mé é a fhiafraí den gharda. 20. Tá eolas an bhaile go maith aige.

Exercise 41.

1. When he went out this morning, he forgot to shut the door. 2. I did not recognise the master when I saw him at the station. 3. You did not see him at all. 4. I asked him a question and he was not able to answer it. 5. What did you ask him? 6. I had questions to put to him about the schools. 7. People say that the classes are too big, and that we shall have to bring in more teachers to do the work. 8. How many schools are there? 9. There are two, one for the boys and one for the girls. 10. It is difficult to find teachers these days. 11. I have friends who would like to be teachers. 12. For God's sake ask them to write to me, for I shall have jobs for them! 13. A woman's advice is bad advice. 14. We had cows and sheep to sell last week, and my wife was not willing to let them go without getting a good price. 15. Women hear too many stories and too many opinions. 16. There are fine forests on the mountains. 17. Some of the trees fell during the storm. 18. The roots are up out of the ground, and branches broken on trees all around them. 19. We saw them as we were coming from the town. 20. Fishing-boats come into the harbours of West Cork with mackerel in summer and with herrings in autumn. 21. Their sails are set to go out again after spending a day in Glandore or Baltimore, and the nets ready.

Exercise 42

1. Chuamair amach ó Chuan Dor inné i mbád iascaigh. 2. Bhí trí seolta uirthi agus do bhí cóir againn. 3. Bhí sí taobh theas d'Oileán Cléire fé cheann dhá uair an chloig. 4. Chuir na hiascairí amach na líonta, agus d'itheamair an suipéar ansan. 5. Do chodlaíomair go léir go maidin, agus le héirí gréine do thairicíodar isteach na líonta. 6. Do bhí

sé bhairílle de scadánaibh againn le tabhairt abhaile. 7. Tá trí scoil sa pharóiste seo agus tá sé rang i ngach scoil acu. 8. Cé hiad na múinteoirí atá sa scoil nua? 9. Is é Mícheál Ó Súilleabháin an t-ard-mháistir, agus tá Séamas Ó Séaghdha mar chúntóir aige. 10. Ar thugais fé ndeara na crainn mhóra le hais an bhóthair agus tú ag teacht ón Aifreann? 11. Do thit dhá cheann acu aréir, agus tá craobhacha briste ar na cinn eile. 12. Beidh abhar tine againn i gcóir an gheimhridh gan aon ghual a cheannach. 13. Tá scéalta ag gach aon duine i dtaobh na stoirme. 14. Tá báid gan seolta ins na cuantaibh. 15. Gheobhaimíd cúnamh ós na comharsain chun na gcaorach a thabhairt isteach. 16. Bhí na ba istigh sarar éirigh an ghaoth. 17. Cá bhfuil cró na mbó? 18. Tá sé ar an dtaobh thall de chruaich na móna.

Exercise 43

A. 1. The door is shut every evening. 2. They used to be beaten (struck). 3. People will go. 4. The money would be found (got). 5. The eggs were broken. 6. Bread is made of flour. 7. The oats is threshed with a flail. 8. The cows were milked. 9. The people were seen. 10. They used to be let loose.

B. 1. The cows were put out, and the horses were brought in from the field. 2. When will the pigs be sent to the fair? 3. People used to go to Mass at Kilmovee long ago, but we have a chapel in this village now. 4. The like of it never was seen. 5. They were told to go to talk to the stranger. 6. Why was I not told that you were here? 7. If the truth were concealed, perhaps a lie would be told. 8. He stayed at home for fear people would be making fun of him. 9. The children were told not to go near the river. 10. They were asked to come home to their dinner. 11. Even after I have done my best, people are not grateful to me. 12. It is a proverb: "He who is up, his health is drunk, and he who is down is trampled under foot". 13. The proverb cannot be gainsaid.

Exercise 44

A. 1. Do díoladh é. 2. Do ceannaíodh iad. 3. Do marófaí sinn. 4. Ní fhacthas í. 5. Do cailleadh an t-airgead. 6. Gheofar na leabhair. 7. Do thánathas. 8. Do scaoileadh amach na gadhair.

B. 1. Deintear bróga de leathar. 2. Deintí d'adhmad iad fadó. 3. Téitear go dtí an tábhairne uaireanta tar éis an aonaigh. 4. Ní fhacthas na fir sin riamh roimhe sin. 5. Dúradh linn teacht anso tar éis dinnéir. 6. Cathain a díolfar na beithígh sin? 7. Má dheineann tú é sin, déarfar gur le héad a dheinis é. 8. Cad 'na thaobh go mbítear ag gearán i gcónaí? 9. Dá neosfaí an scéal mar ba cheart ní bheadh aon díobháil ann. 10. Ní feicfear a leithéid go brách arís. 11. Deirtear nach ualach do dhuine an léann. 12. Cathain a dúradh é sin leat? 13. Seanfhocal is ea é a cloistear go minic sa Ghaeltacht.

Exercise 45

1. Chífid siad. 2. Do chonaiceabhair (chonaic sibh). 3. Do chífinn. 4. Raghaimíd. 5. Do thánadar. 6. An raghfá? 7. An ndúirt sé? 8. Tiocfaimíd. 9. Ní fheicfidís. 10. Déarfá. 11. Dúradar. 12. Cloisfidh mé. 13. Ar chualabhair? 14. Ní fheicim. 15. Gheibhimíd (Faighimíd). 16. Fuaireamair. 17. An bhfaigheann tú? 18. Gheobhad. 19. Ní bhfaighead. 20. Dúradar ná faighfeá é, ach cloisim-se go bhfaighir.

Exercise 46

1. We asked her to wait for us. 2. You told me not to come. 3. It is hard to believe that. 4. The buyer wanted to buy the horse from me. 5. They came here to collect money. 6. It is a great pity that the day is so wet. 7. Is it not a great wonder that they have not come? 8. It would be better for the children to keep away from the bull. 9. They went to Cork to spend the holiday there. 10. The old man is sitting by the fire. 11. We shall ask him to tell a story. 12. We shall come back some other night to hear the end of the story. 13. My mother will be asleep when we reach home. 14. We forgot to bring the money with us.

Exercise 47

1. Beid siad ag dul go Cill Airne amáireach. 2. D'iarras orthu siúcra agus plúr do cheannach dom. 3. Beimíd ag fanúint leo ag an stáisiún. 4. Duart leo gan glaoch chun mo dhearthár, mar tá sé as baile. 5. Nuair a bheir ag teacht thar n-ais, ná dearmhad Peadar agus Síle do thabhairt leat. 6. Tá an ceannaí tagtha chun féachaint ar an gcapall. 7. Nach trua gan m'athair do bheith anso roimhe? 8. Níor mhaith liom an capall do dhíol gan é do bheith ann. 9. Déarfad leis an gceannaí teacht lá éigin eile. 10. B'fhéidir go bhfuil gnó aige le déanamh i n-áit éigin eile. 11. D'iarramair ar an seanduine scéal d'insint dúinn, ach bhí sé an-fhada agus níor fhanamair chun a dheireadh do chloisint. 12. Bhí muintir an tí ina gcodladh nuair a shroiseamair an baile.

Exercise 48

1. Where did they hear those fine songs? 2. There were young girls and old women working together. 3. I saw the small cups that you bought yesterday, and they are certainly pretty cups. 4. Where are those sweet cakes that you brought from the shop? 5. I put them into those white boxes over there. 6. There are two black horses down on the road, (and they) nearly dead with hunger. 7. There were always generous men in this district, but it is hard for them to be generous without money. 8. Those heavy chairs are too big for this room of mine. 9. Those songs are very sweet, but the old songs are finer than they. 10. William is more like his father than Thomas. 11. That board is too wide, and the other is wider still. 12. Do you see that bald man and the young red-haired man beside him? 13. Those are my father and my nephew. 14. Distant hills are green. 15. The sun is brighter than the moon. 16. That table is big and wide, but the low one is cheaper than it. 17. Which of them do you prefer? 18. The dearer one is the more lasting. 19. My father is younger than your father, but Dermot is the strongest man of them all. 20. Coal is heavier than turf. 21. Last night was darker than tonight. 22. The lane is

narrower and rougher than the main road. 23. It was cold this morning, but it is still colder now. 24. The heaviest hammer is the best hammer. 25. Give me the lowest stool, and I shall put my back against the wall. 26. I borrowed that book (got that book on loan) from Tom's sister. 27. I shall give it to you tomorrow. 28. The cow calved last night, and I thought she would not calve for another week. 29. They will not give you enough to eat in town. 30. I shall eat enough, or as much as I can anyway. 31. They do not eat as much there as we eat here. 32. I shall give them their choice, to go away or to stay at home.

Exercise 49

A. 1. Beirimíd. 2. Do rugadar. 3. Do thugais. 4. Ní thabharfaid siad. 5. Déanfaidh sé. 6. Íosfaid siad. 7. Íosfar iad. 8. Tugadh anso é. 9. Ní déanfar é.

B. 1. Cár cheannaís na cupáin mhóra san? 2. Cheannaíos na cinn mhóra sa tsráidbhaile, ach is i gCorcaigh a fuaireas na cinn bheaga uaine. 3. Do bhí na garsúin mhóra agus na fir láidre ag obair i dteannta a chéile ag buaint an arbhair. 4. Cathain a hosclófar na scoileanna nua? An tseachtain seo chúinn. 5. Beidh múinteoirí maithe agus scoileanna breátha againn ansan. 6. Tá an chathaoir sin ana-chompordach, ach tá an ceann eile níos daingne. 7. Tá sí ró-mhór; is fearr liom an ceann dearg. 8. Is éadroime an t-adhmad ná an t-uisce. 9. Is sine sinn-ne ná iad-san. 10. Is é seo an bóthar is sia. 11. Is é an fear is sine sa tsráidbhaile é. 12. Thugamair an chuid ba thrioma den mhóin dosna daoine ba shine. 13. Is daoire an chruithneacht ná an eorna. 14. An bhfuil an mála so níos troime ná an ceann eile? 15. Thugadar na málaí dubha so ó Chorcaigh inné. 16. Nuair a bheidh an citeal ar fiuchadh agat, íosfaimíd ár suipéar. 17. Cé acu is fearr leat, iasc úr nó iasc goirt? 18. Is é an t-iasc goirt mo rogha-sa. 19. Tabharfaidh sé an t-airgead dóibh nuair a thiocfaid siad isteach. 20. Déanfaimíd ár ndícheall chun é a shásamh. 21. Fuaireadar an dá chasúr bheaga ar iasacht ó Sheán, ach níor dheineadar aon obair fós leo. 22. Déanfaid siad na cístí milse amáireach agus tabharfaid siad dosna páistí beaga iad.

Exercise 50

1. Is mó Baile Átha Cliath ná Corcaigh
   Tá Baile Átha Cliath níos mó ná Corcaigh.

2. Is lú an domhan ná an ghrian
   Tá an domhan níos lú ná an ghrian.

3. Is sia (faide) an tSionainn ná an Bhóinn
   Tá an tSionainn níos sia (faide) ná an Bhóinn.

4. Is crua an t-iarann ná an t-ór
   Tá an t-iarann níos crua ná an t-ór.

5. Is troime an t-uisce ná an t-aer
   Tá an t-uisce níos troime ná an t-aer.

6. Is treise an tarbh ná an fear
   Tá an tarbh níos treise ná an fear.

7. Is cliste an cailín (garsún) ná an garsún (cailín)
   Tá an cailín (garsún) níos cliste ná an garsún (cailín).

8. Is doimhne an fharraige ná an loch
   Tá an fharraige níos doimhne ná an loch.

Exercise 51

1. Are these apples dearer than those? 2. Those are the dearest. 3. Mary is the prettiest girl in the village. 4. Which of them is the cleverest boy? 5. Peter is the cleverest of them, but Joseph is almost as clever as he. 6. There is a higher tree than that in our garden. 7. The driver must be more careful at night than he would be by day. 8. I am always careful. 9. I am going fast now, but I have a good view of the road. 10. We went into the house to dinner and stayed inside for half an hour. 11. We came out then and stayed outside

till evening. 12. She will go upstairs to clean the rooms, and she will be a while above. 13. She will come down then and stay below. 14. Run east to the well and bring back a bucket of water. 15. When I was going west along the road, the priest was coming towards me.

Exercise 52

1. Tá siúcra níos saoire anois ná mar a bhí sí anuraidh. 2. An bhfuil Tomás níos aoirde ná Máire? 3. Is é Mícheál an té is aoirde acu. 4. Déanfaidh Seán an obair go maith, ach is fearr a dhéanfaidh Mícheál é. 5. Deineann Maighréad a cuid ceachtanna níos cúramaí ná mar a dheineann a deirfiúr iad. 6. An bhfuilir-se chomh leisciúil led' dheartháir? 7. Ní fhéachann an garsún so chomh láidir lena charaid. 8. Is é Séamas an té is láidre (treise) dhíobh go léir. 9. D'fhreagraíos chomh maith is d'fhéadas. 10. An bhfuil an scian san níos géire ná an ceann so? 11. Is teo an sáile ná an fíor-uisce. 12. Is giorra an bóthar soir ná an bóthar siar. 13. Is trioma an t-ardán ná an t-ísleán. 14. Nuair a bhíomair ag dul i n-airde an staighre, do bhí Séamas ag teacht anuas.

Exercise 53

1. Those two houses up on the hill belong to the O'Briens. 2. Is the land in front of the houses theirs? 3. No; they have rented it from another farmer. 4. The horse I had yesterday belongs to John MacDermot. 5. Martin O'Brien has him today, for he has no horse of his own. 6. He used to have a horse, however. 7. Who owns that sail-boat? 8. It belongs to my brother, and he has had it only a year. 9. He will probably sell it next year, if he finds someone to buy it from him. 10. How much money did he pay for it? 11. He paid thirty pounds for it, and it was not worth that much. 12. It was mine years ago, but I have no boat now. 13. Have they paid for the turf yet? 14. No, because it is wet and they are not satisfied with it. 15. We saw Kathleen O'Dwyer and Brigid MacDermot going into O'Sullivans' house a while ago. 16. Where is Thomas O'Donoghue's threshing-machine

working? 17. I have not seen it since morning. 18. I saw it last night on Conor Hayes's farm.

Exercise 54

1. Is linn-ne an pháirc atá ar aghaidh an tí, ach is le feir-meoir eile an talamh atá ar chúl an tí. 2. Ní liom-sa é; is ar cíos atá sé agam uaidh. 3. Cé leis na beithígh atá sa pháirc mhóir? 4. Níl a fhios agam. 5. Tá cúpla bullán againn sa bhuaile, ach ní linn-ne na beithígh eile sin. 6. Ar dhíol Séamas Ó Súilleabháin as an dtigh nua fós? 7. Do dhíol, ach níor dhíol sé fós as an dtalamh. 8. An mór an t-airgead atá agat air? 9. Cúig céad punt. 10. Níl an méid sin airgid aige. 11. Caithfidh sé é fháil ar iasacht. 12. Tá sé le fáil sa bhanc ar a sé sa chéad. 13. Cá bhfuil tigh Dhomhnaill Uí Chonaill? 14. Tá sé i gContae Chiarraí, siar ó Chill Airne. 15. Chonaiceadar Seán Mac Carthaigh ag teacht amach as tigh mhuintir Cheallaigh ar maidin.

Exercise 55

1. I bought those cattle for twenty-three pounds each. 2. How many pens are there in that box? 3. There are fifteen in it. 4. I gave the third part of the money to my father. 5. How much did you give him? Fifty-three pounds. 6. There are three hundred and sixty-five days in the year. 7. There are thirty days in April, and thirty-one days in May. 8. They came on Wednesday, the fifteenth of March, and they will go away on Thursday, the second of June. 9. The seed is sown in Spring and the crop is cut in Autumn. 10. There are five carpenters and three masons working in that house. 11. How many musicians were playing in the hall tonight? 12. We saw thirteen there, and there were four others whom we could not see.

Exercise 56

1. An mór a thugais don fhear ar an gcapall san? Naoi bpuint déag is trí fichid. 2. An mó réal atá i bpunt? Daichead. 3. Beidh m'áintín ag teacht ar an dara lá déag de Lúnasa.

4. Is é an Domhnach so chúinn an chéad lá de Mheitheamh. 5. A seacht fé cheathair sin a hocht is fiche, dhá scilling agus tuistiún. 6. A cúig fichead agus a haondéag sin sédéag ar fhichid. 7. Is í an Aoine an séú lá den tseachtain. 8. Is é an seachtú lá déag de Mhárta Lá le Pádraig. 9. Chím beirt fhear agus triúr buachaillí (garsún) ag teacht trasna na páirce. 10. Tá cúigear sagart sa pharóiste. 11. Níl ach deich lá fichead (ar fhichid) san Aibreán, sa Mheitheamh agus i mí Mheán an Fhómhair. 12. Is é an Satharn an ceathrú lá de mhí na Samhna. 13. An mó iascaire a chonaicís thíos ag an gcé anocht? Mórsheisear.

Exercise 57

1. Give us two glasses of whiskey if you please. 2. Put on your overcoat and let us go home now. 3. Let him do as he likes, but let him not blame me! 4. Let them not lose the money! 5. Bring the children with you, and do not delay on the road! 6. Be in before ten o'clock! 7. Let them come home with you! 8. Break those sods and set a fire. 9. Do not light the lamp for a while, for it is not dark yet. 10. Go east to the shop and buy me a shilling's worth of sweets.

Exercise 58

1. Cuir litir chun Cormaic agus abair leis airgead a chur chúinn. 2. Téir go dtí oifig an phoist agus ceannaigh luach coróineach de stampaí. 3. Brostaigh ort, agus ná bí déanach ón suipéar! 4. Bíodh cluiche cártaí againn sara dtiocfaidh na stróinséirí. 5. Cuiridh amach na gadhair agus dúnaidh doirse na stáblaí, mar beidh sé dorcha gan mhoill. 6. Deinidís a ndícheall, agus ní bheidh aon mhilleán againn orthu. 7. Fiafraídís de Liam cár fhág sé na maidí rámha, agus raghaimíd go léir ag iascaireacht.

Exercise 59

1. That is the man we saw at the fair. 2. It was Bridget who broke the window. 3. He who solves the question first will get the prize. 4. Many a man has money and it does him no

good. 5. What district are you from? 6. From Corkaguiney 7. Did you see the woman that I was talking about? 8. The people who talk most are those who do the least work. 9. Go where you will be best able to earn your living. 10. I must speak to the man whose son is in hospital. 11. "What can't be cured must be endured". 12. The money I thought I had lost is here in my pocket. 13. The people who came earliest were the last to go away.

Exercise 60

1. Cé acu capall a cheannaís ar an aonach? 2. Buachaill gurbh ainm dó Seán Ó Donnabháin dob é an scoláire ab fhearr sa rang é. 3. Cá bhfuil an chasóg a thugas ar iasacht do Mhícheál? 4. Na bróga a dúrais a bhí glanta agat, táid siad salach fós. 5. Is mó duine gurbh fhearr (go mb'fhearr) leis lionn ná fuiscí, agus tá daoine ná hólfadh i n-aon chor iad. 6. Tiocfaidh sé nuair is lú a bheidh coinne againn leis. 7. Sin é an fear gur cheannaíomair an tigh uaidh. 8. Cad is ainm dó? 9. Is dóigh liom gur Séamas Ó Súilleabháin is ainm dó. 10. Sin é an fear go bhfuil a mhac ina dhochtúir i gCorcaigh. 11. Cad é an ceantar gurb as dó? 12. Ó Thiobrad Árann. 13. Is é Diarmaid is fearr a dhein an obair, ach is é is lú a fuair creidiúint.

Exercise 61

1. James and I went to Dingle yesterday and we met William Murphy. 2. He is a nephew of Mary O'Donnell. 3. "How are you?" said he. "It is a long time since I saw you". 4. "Why", said I to him, "don't you come to visit us?" 5. "I rarely go to town because I find the journey long when I have no business there". 6. He began to ask me questions as though he did not know me at all. 7. Did you ever hear the like? He is a queer fellow. 8. He told me that new houses are being built (made) on Strand Road and that he thinks that he will get one of them. 9. I went away from him lest he should make me angry. 10. I only talked very little with him. 11. I came home on the bus and I was here at six o'clock. 12. I

almost fell getting down from the bus, but it happened that
my brother was waiting for me and he was able to catch me.

Exercise 62

1. Bhíos féin agus Séamas Ó Murchadha i gCill Airne
Déardaoin, agus casadh iníon deartháir do Shéamas orainn.
2. Níor aithníos ar dtúis í, agus níor aithin sise mise ach
chomh beag; ach nuair a labhair sí le Séamas bhí a fhios
agam cérbh í féin. 3. Is i gCorcaigh a chónaíonn sí anois,
agus ní thagann sí go Cill Airne ach amháin chun laetheanta
saoire a chaitheamh ann. 4. "Ní fhéadaim teacht níos
minicí," adúirt sí, "mar is fada liom an turas agus is mór
liom an costas." 5. Do chaitheamair an lá i dteannta a
chéile, agus um thráthnóna chuamair go dtí an stáisiún i
n-éineacht léi. 6. "Go mbeire Dia slán abhaile thú," arsa
Séamas. 7. "Ná dearmhad teacht ar cuairt chúinn sara fada."
8. "Mheasas gur labhair sí fé mar ná taitnfeadh an chathair
léi," arsa mise nuair a bhí sí imithe. 9. "B'fhéidir gur uaig-
neas atá uirthi," arsa Séamas. 10. "Tá áthas orm gur ar
an dtuaith atáim im chónaí." 11. Ba dhóbair dúinn bheith
déanach don bhus, ach tharla go raibh slua mór daoine ag
feitheamh leis, agus chuir san moill air.

APPENDIX

Declension of Nouns

There are five declensions of nouns, and they are distinguished by the formation of the genitive singular. The first and second declensions are given in Lesson I.

THIRD DECLENSION. The gen. sg. is formed by adding -*a*.

Words ending in a consonant, broad or slender. If the final consonant is slender in the nom. sg., it becomes broad before the -*a* of the genitive (see p. 4), and the preceding vowel is subject to certain changes:

u(i) > o; fuil f. *blood*, g. fola; sruth m. *stream*, g. srotha; cuid f. *part*, g. coda.

i(o) > ea; crios m. *belt*, g. creasa; sioc m. *frost*, g. seaca; mil f. *honey*, g. meala.

The formation of the plural divides the declension into five classes:

I. The plural is formed by adding -*a*

cleas m. *trick*	g.sg. cleasa	pl. cleasa
gamhain m. *calf*	gamhna	gamhna

The gen. pl. in this class drops the -*a*, leaving a final broad consonant. In all the other classes, which form weak plurals,[1] the gen. pl. is the same as the nom. pl.

II. The plural is formed by adding -(*a*)*i*

i agent-words in -*éir*, -*óir*, -*úir* (all m.)
ii abstract nouns in -*acht* (mostly f.)
iii a few other nouns

[1] The "weak" plural endings, common to many declensions, are -í, -*acha*, -*anna*, -*tha* (-*ta*), -*the* (-*te*), and they remain in the genitive case.

siúinéir m. *carpenter*	g.sg. siúinéara	pl. siúinéirí
bádóir m. *boatman*	bádóra	bádóirí
táilliúir m. *tailor*	táilliúra	táilliúirí
dochtúir m. *doctor*	dochtúra	dochtúirí
saighdiúir m. *soldier*	saighdiúra	saighdiúirí
áilleacht f. *beauty*	áilleachta	áilleachtaí
beannacht f. *blessing*	beannachta	beannachtaí
iasacht f. *loan*	iasachta	iasachtaí
buachaill m. *boy, lad*	buachalla	buachaillí

III. The plural is formed by adding *-anna*
Monosyllables tend to form this plural

bláth m. *flower*	gsg. blátha	pl. bláthanna
cath m. *battle*	catha	cathanna
dath m. *colour*	datha	dathanna
sruth m. *stream*	srotha	srothanna
tráigh f. *shore*	trágha, trá	tránhanna, ·tránna

IV. The plural is formed by adding *-acha*
Some nouns ending in *-ir*, and a few others, form this plural.

altóir f. *altar*	g. altóra	pl. altóracha
anam m. *soul*	anama	anamnacha
onóir f. *honour*	onóra	onóracha

V. The pl. is formed by adding *-ta*.

bliain f. *year*	g. bliana	pl. blianta
gleann m. *valley, glen*	gleanna	gleannta

FOURTH DECLENSION. The gen. sg. is the same as the nom.

Words ending in a vowel (except those which belong to the fifth declension), and diminutives in *-in*. Agent-words in *-i*, *-aire*, abstract nouns in *-e* formed from adjectives (all fem.), and some loan-words belong to this declension.

The formation of the plural divides the declension into two classes:

I. The plural is formed by adding -*i*

Nouns ending in a short vowel, and diminutives in -*ín*.

aiste f. *essay, article*	aistí
file m. *poet*	filí
iascaire m. *fisherman*	iascairí
mála m. *bag*	málaí
tiarna m. *lord*	tiarnaí
cailín m. *girl*	cailíní
sicín m. *chicken*	sicíní
ticéad m. *ticket*	ticéadaí

Exceptions. Some words ending in -*le* or -*ne* form the plural by adding -*te*, with syncope: *baile* m. "village", *bailte*; *míle* m. "thousand, mile", *mílte*; *léine* f. "shirt, chemise", *léinte*; *líne* f. "line", *línte*; *tine* f. "fire", *tinte*.

Irregular plurals are: *duine* m. "person", *daoine*; *oíche* f. "night" *oícheanta*; *teanga* f. "tongue", *teangacha*.

II. The plural is formed by adding -*the*.

Nouns ending in -*í* or -*aoi*; -*í* is shortened before -*the*.

gréasaí m. *cobbler*	gréasaithe
gadaí m. *thief*	gadaithe
croí m. *heart*	croithe
dlí f. *law*	dlithe
ní m. *thing*	nithe
rí m. *king*	rithe
laoi f. *lay, ballad*	laoithe

Fifth Declension. The gen. sg. ends in a broad consonant [-*ach*, -*d* or -*n(n)*], and there is a separate form for the dative sg. This declension may be regarded as a collection of irregular nouns. They have, however, a common feature in the gen. sg. In the classes with strong plurals (I and II), the gen. pl. is the same as the gen. sg.

The formation of the plural divides the declension into three classes:

I. The plural is formed by making the broad consonant slender.

caora f. *sheep*	g. caorach	d. caoirigh	pl. caoirigh
comharsa f. *neighbour*	comharsan	comharsain	comharsain
cú f. *hound*	con	coin	coin
fiche m. *twenty, a score*	fichead	fichid	fichid
lacha f. *duck*	lachan	lachain	lachain

II. The plural is formed by adding *-e* to the gen. sg., with syncope.

abha f. *river*	g. abhann	abhainn	pl. aibhne
gabha m. *blacksmith*	gabhann		gaibhne
cara m. & f. *friend*	carad	caraid	cairde

III. The plural is formed by adding *-acha*.

(i) Nouns ending in *-il*, *-in* or *-ir*, with gen. sg. in *-ach*

riail f. *rule*	rialach	rialacha
cáin f. *tax*	cánach	cánacha
cathair f. *city*	cathrach	cathracha
cathaoir f. *chair*	cathaoireach	cathaoireacha
láir f. *mare*	lárach	láracha

(ii) Nouns of relationship

The words for "father", "mother" and "brother" have a peculiar formation in the gen. sg.

athair m. *father*	g. athar	pl. aithreacha
máthair f. *mother*	máthar	máithreacha
deartháir m. *brother*	dearthár	deartháracha

The word for "sister" is irregular:

deirfiúr f. *sister*	g. deirféar	d. deirfír	pl. deirféaracha

Note also:

teanga f. *tongue*	g. teangan	d. teangain	pl. teangacha

First Conjugation of Stems ending in a long Vowel.

The stem ends historically in *gh* which has disappeared between vowels but remains in the two forms in which the bare stem appears, namely the 2 sg. imperative and the 3 sg. past. Where the vowel preceding the original *gh* was short, it remains short in these forms, and before *t*.

crúim (crúigh) "I milk"

		Present	Imperfect	Past
Sg.	1	crúim	do chrúinn	do chrús
	2	{ crúir { crúnn tú	do chrúitheá	do chrúis
	3	crúnn sé	do chrúdh sé	do chrúigh sé
Pl.	1	crúimíd	do chrúimís	do chrúmair
	2	crúnn sibh	do chrúdh sibh	do chrúigh sibh
	3	crúid	do chrúidís	do chrúdar

		Future	Conditional
Sg.	1	crúfad	do chrúfainn
	2	crúfair	do chrúfá
	3	crúfaidh sé	do chrúfadh sé
Pl.	1	crúfaimíd	do chrúfaimís
	2	crúfaidh sibh	do chrúfadh sibh
	3	crúfaid	do chrúfaidís

Pass.-Impers.

	Present	Imperfect	Past
	crúitear	do crúití	do crúdh
	Future	Conditional	
	crúfar	do crúfaí	

		Imperative	Present Subjunctive	Past Subjunctive
Sg.	1	crúim	crúd	crúinn
	2	crúigh	crúir	crúitheá
	3	crúdh sé	crú sé	crúdh sé

Pl. 1	crúimís	crúimíd	crúimís
2	crúidh	crú sibh	crúdh sibh
3	crúidís	crúid, crú siad	crúidís

Pass.-Impers.

	crúitear	crúitear	crúití
	Participle		Verbal Noun
	crúite		crú

fím (figh) "I weave"

		Present	Imperfect	Past
Sg.	1	fím	d'fhínn	d'fhíos
	2	{ fír { fíonn tú	d'fhítheá	d'fhís
	3	fíonn sé	d'fhíodh sé	d'fhigh sé
Pl.	1	fímíd	d'fhímís	d'fhíomair
	2	fíonn sibh	d'fhíodh sibh	d'fhíobhair (d'fhigh sibh)
	3	fíd	d'fhídís	d'fhíodar

		Future	Conditional
Sg.	1	fífead	d'fhífinn
	2	fífir	d'fhífeá
	3	fífidh sé	d'fhífeadh sé
Pl.	1	fífimíd	d'fhífimís
	2	fífidh sibh	d'fhífeadh sibh
	3	fífid	d'fhífidís

Pass.-Impers.

Present	Imperfect	Past
fítear	do fítí	do fíodh
Future	Conditional	
fífear	do fífí	

	Imperative	Subjunctive	
		Present	Past
Sg. 1	fím	fíod	fínn
2	figh	fír	fítheá
3	fíodh sé	fí sé	fíodh sé
Pl. 1	fímís	fímíd	fímís
2	fídh	fí sibh	fíodh sibh
3	fídís	fíd	fídís

Pass.-Impers.

fitear	fitear	fití

Participle	Verbal Noun
fite	fí

Second Conjugation

(a) diúltaím (diúltaigh) "I refuse"

	Indicative		
	Present	Imperfect	Past
Sg. 1	diúltaím	do dhiúltainn	do dhiúltaíos
2	diúltaír	do dhiúltaítheá	do dhiúltaís
3	diúltaíonn sé	do dhiúltaíodh sé	do dhiúltaigh sé
Pl. 1	diúltaímíd	do dhiúltaímís	do dhiúltaíomair
2	diúltaíonn sibh	do dhiúltaíodh sibh	do dhiúltaíobhair
3	diúltaíd	do dhiúltaídís	do dhiúltaíodar

Pass.-Impers.

diúltaítear	do diúltaítí	do diúltaíodh

	Future	Conditional
Sg. 1	diúltód	do dhiúltóinn
2	diúltóir	do dhiúltófá
3	diúltóidh sé	do dhiúltódh sé

Pl. 1 diúltóimíd   do dhiúltóimís
   2 diúltóidh sibh   do dhiúltódh sibh
   3 diúltóid   do dhiúltóidís

Pass.-Impers.
     diúltófar   do diúltófaí

	Imperative	Subjunctive	
		Present	Past
Sg. 1	diúltaím	diúltaíod	diúltainn
2	diúltaigh	diúltaír	diúltaítheá
3	diúltaíodh sé	diúltaí sé	diúltaíodh sé
Pl. 1	diúltaímís	diúltaímíd	diúltaímís
2	diúltaídh	diúltaí sibh	diúltaíodh sibh
3	diúltaídís	diúltaíd	diúltaídís

Pass.-Impers.
     diúltaítear   diúltaítear   diúltaítí

	Participle	Verbal Noun
	diúltaithe	diúltú

(b) osclaím (oscail) "I open"

	Present	Indicative Imperfect	Past
Sg. 1	osclaím	d'osclainn	d'osclaíos
2	osclaír	d'osclaítheá	d'osclaís
3	osclaíonn sé	d'osclaíodh sé	d'oscail sé
Pl. 1	osclaímíd	d'osclaímís	d'osclaíomair
2	osclaíonn sibh	d'osclaíodh sibh	d'osclaíobhair
3	osclaíd	d'osclaídís	d'osclaíodar

Pass.-Impers.
     osclaítear   do hosclaítí   do hosclaíodh
               (d'osclaítí)   (d'osclaíodh)

	Future	Conditional
Sg. 1	osclód	d'osclóinn
2	osclóir	d'osclófá
3	osclóidh sé	d'osclódh sé
Pl. 1	osclóimíd	d'osclóimís
2	osclóidh sibh	d'osclódh sibh
3	osclóid	d'osclóidís

Pass.-Impers.
   osclófar   do hosclófaí
           (d'osclófaí)

	Imperative	Subjunctive	
		Present	Past
Sg. 1	osclaím	osclaíod	osclainn
2	oscail	osclaír	osclaítheá
3	osclaíodh sé	osclaí sé	osclaíodh sé
Pl. 1	osclaímís	osclaímíd	osclaímís
2	osclaídh	osclaí sibh	osclaíodh sibh
3	osclaídís	osclaíd	osclaídís

Pass.-Impers.
  osclaítear   osclaítear   osclaítí

Participle Verbal Noun
oscailte   oscailt

Irregular Verbs

1 beirim "I bear"
Indicative

	Present	Imperfect	Past
Sg. 1	beirim	do bheirinn	do rugas
2	beirir	do bheirtheá	do rugais
3	beireann sé	do bheireadh sé	do rug sé
	etc.	etc.	etc.

Pass.-Impers.
  beirtear   do beirtí   do rugadh

	Future	Conditional
Sg. 1	béarfad	do bhéarfainn
2	béarfair	do bhéarfá
3	béarfaidh sé	do bhéarfadh sé
	etc.	etc.

Pass.-Impers.

	béarfar	do béarfaí

	Imperative	Subjunctive	
		Present	Past
Sg. 1	beirim	beiread	beirinn
2	beir	beirir	beirtheá
3	beireadh sé	beire sé	beireadh sé
Pl. 1	beirimís	beirimíd	beirimís
2	beiridh	beire sibh	beireadh sibh
3	beiridís	beirid	beiridís

Pass.-Impers.

beirtear	beirtear	beirtí

Participle	Verbal Noun
beirthe	breith

2 bheirim "I bring", "I give"
Indicative

Absolute

	Present	Imperfect	Past
Sg. 1	bheirim	do bheirinn	do thugas
2	bheirir	do bheirtheá	do thugais
3	bheireann sé	do bheireadh sé	do thug sé
	etc.	etc.	etc.

Pass.-Impers.

bheirtear	do bheirtí	do tugadh

Dependent

Sg.	1	tugaim	tugainn	tugas
	2	tugair	tugthá	tugais
	3	tugann sé	tugadh sé	tug sé
		etc.	etc.	etc.

Pass.-Impers.

tugtar	tugtaí	tugadh

	Future	Conditional

Absolute

Sg.	1	bhéarfad	do bhéarfainn
	2	bhéarfair	do bhéarfá
	3	bhéarfaidh sé	do bhéarfadh sé
		etc.	etc.

Pass.-Impers.

bhéarfar	do bhéarfai

Dependent

tabharfad	tabharfainn

Pass.-Impers.

tabharfar	tabharfaí

	Imperative	Subjunctive	
		Present	Past

Sg.	1	tugaim	tugad	tugainn
	2	tabhair	tugair	tugthá
	3	tugadh sé	tuga sé	tugadh sé
Pl.	1	tugaimís	tugaimíd	tugaimís
	2	tugaidh	tuga sibh	tugadh sibh
	3	tugaidís	tugaid	tugaidís

Pass.-Impers.

tugtar	tugtar	tugtaí

Participle	Verbal Noun
{ tabhartha { tugtha	tabhairt

3 chím "I see"

Indicative

	Present	Imperfect	Past
Absolute			
Sg. 1	chím	do chínn	do chonac
2	chíonn tú	do chítheá	do chonaicís
3	chíonn sé	do chíodh sé	do chonaic sé
	etc.	etc.	etc.
Pass.-Impers.			
	chítear	do chítí	do chonaictheas
Dependent			
	feicim	feicinn	faca
Pass.-Impers.			
	feictear	feictí	facthas

	Future	Conditional
Absolute		
Sg. 1	chífead	do chífinn
2	chífir	do chífeá
3	chífidh sé	do chífeadh sé
	etc.	etc.
Pass.-Impers.		
	chífear	do chífí
Dependent		
	feicfead	feicfinn
Pass.-Impers.		
	feicfear	feicfí

Imperative   Subjunctive

	Imperative	Present	Past
Sg. 1	feicim	feicead	feicinn
2	feic	feicir	feictheá
3	feiceadh sé	feice sé	feiceadh sé
Pl. 1	feicimís	feicimíd	feicimís
2	feicidh	feice sibh	feiceadh sibh
3	feicidís	feicid	feicidís

Pass.-Impers.

      feictear   feictear   feictí

         Participle   Verbal Noun
         feicthe   feiscint

4   cloisim "I hear"

Indicative

		Present	Imperfect	Past
Sg.	1	cloisim	do chloisinn	do chuala
	2	{ cloisir { cloiseann tú	do chloistheá	do chualaís
	3	cloiseann sé etc.	do chloiseadh sé etc.	do chuala sé etc.

Pass.-Impers.

      cloistear   do cloistí   do chualathas

		Future	Conditional
Sg.	1	cloisfead	do chloisfinn
	2	cloisfir	do chloisfeá
	3	cloisfidh sé etc.	do chloisfeadh sé etc.

Pass.-Impers.

      cloisfear   do cloisfí

Imperative   Subjunctive

			Present	Past
Sg.	1	cloisim	cloisead	cloisinn
	2	clois	cloisir	cloistheá
	3	cloiseadh sé	cloise sé	cloiseadh sé
Pl.	1	cloisimís	cloisimíd	cloisimís
	2	cloisidh	cloise sibh	cloiseadh sibh
	3	cloisidís	{ cloisid { cloise siad	cloisidís

Pass.-Impers.

      cloistear   cloistear   cloistí

         Participle   Verbal Noun
         cloiste   cloisint, clos

5 deinim "I do"

Indicative

		Present	Imperfect	Past
Sg.	1	deinim	do dheininn	do dheineas
	2	{ deinir { deineann tú	do dheintheá	do dheinis
	3	deineann sé etc.	do dheineadh sé etc.	do dhein sé. etc.

Pass.-Impers.

	deintear	do deintí	do deineadh

		Future	Conditional
Sg.	1	déanfad	do dhéanfainn
	2	déanfair	do dhéanfá
	3	déanfaidh sé etc.	do dhéanfadh sé etc.

Pass.-Impers.

	déanfar	do déanfaí

		Imperative	Subjunctive	
			Present	Past
Sg.	1	deinim	deineàd	deininn
	2	dein	deinir	deintheá
	3	deineadh sé	deine sé	deineadh sé
Pl.	1	deinimís	deinimíd	deinimís
	2	deinidh	deine sibh	deineadh sibh
	3	deinidís	{ deinid { deine siad	deinidís

Pass.-Impers.

	deintear	deintear	deintí

	Participle	Verbal Noun
	déanta	déanamh

6 deirim "I say"

Indicative

	Present	Imperfect	Past
1	deirim	deirinn	duart

2 $\begin{cases} \text{deirir, deir tú} \\ \text{deireann tú} \end{cases}$ deirtheá   dúraís

3 $\begin{cases} \text{deir sé} \\ \text{deireann sé} \end{cases}$ deireadh sé   dúirt sé

   etc.   etc.   etc.

Pass.-Impers.

   deirtear   deirtí $\begin{cases} \text{dúradh} \\ \text{dúrathas} \end{cases}$

Dependent[1]

Sg. 1 abraim   abrainn   As above
   2 abrann tú   abarthá
   3 abrann sé   abradh sé
     etc.   etc.

Pass.-Impers.
    abartar   abartaí

    Future   Conditional

Sg. 1 déarfad   déarfainn
   2 déarfair   déarfá
   3 déarfaidh sé   déarfadh sé
     etc.   etc.

Pass.-Impers.
    déarfar   déarfaí

Dependent
    abród   abróinn
    abróir   abrófá
    abróidh sé   abródh sé
    etc.   etc.

Pass.-Impers.
    abrófar   abrófaí

    Imperative   Subjunctive
                 Present   Past

Sg. 1 abraim   abrad   abrainn

---

[1] The dependent forms are given here to complete the paradigm, but the absolute forms of this verb are commonly used for dependent in West Munster.

2	abair	abrair	abarthá
3	abradh sé	abra sé	abradh sé
Pl. 1	abraimís	abraimíd	abraimís
2	abraidh	abra sibh	abradh sibh
3	abraidís	abraid	abraidís

Pass.-Impers.

abartar   abartar   abartaí

Participle   Verbal Noun
ráite   rá

7   gheibhim "I get"
Indicative

	Present	Imperfect	Past
Sg. 1	gheibhim	do gheibhinn	do fuaireas
2	gheibheann tú	do gheibhtheá	do fuairis
3	gheibheann sé	do gheibheadh sé	do fuair sé
	etc.	etc.	etc.

Pass.-Impers.

gheibhtear   gheibhtí   fuarthas

Dependent

Sg. 1	faighim	faighinn	fuaireas
2	faighir	faightheá	fuairis
3	faigheann sé	faigheadh sé	fuair sé
	etc.	etc.	etc.

Pass.-Impers.

faightear   faightí   fuarthas

	Future	Conditional
Sg. 1	gheobhad	do gheobhainn
2	gheobhair	do gheofá
3	gheobhaidh sé	do gheobhadh sé
	etc.	etc.

Pass.-Impers.

gheofar   gheofaí

		Imperative	Subjunctive	
			Present	Past
Sg.	1	faighim	faighead	faighinn
	2	faigh	faighir	faightheá
	3	faigheadh sé	faighe sé	faigheadh sé
Pl.	1	faighimís	faighimíd	faighimís
	2	faighidh	faighe sibh	faigheadh sibh
	3	faighidís	{ faighid faighe siad	faighidís

Pass.-Impers.

faighteár   faightear   faightí

Participle   Verbal Noun

fachta (faighte)   fáil

8   ithim "I eat"
Indicative

		Present	Imperfect	Past
Sg.	1	ithim	d'ithinn	d'itheas
	2	itheann tú	d'itheá	d'ithis
	3	itheann sé	d'itheadh sé	d'ith sé
		etc.	etc.	etc.

Pass.-Impers.

itear   do hití   do hitheadh

		Future	Conditional
Sg.	1	íosfad	d'íosfainn
	2	íosfair	d'íosfá
	3	íosfaidh sé	d'íosfadh sé
		etc.	etc.

Pass.-Impers.

íosfar   do híosfaí

		Imperative	Subjunctive	
			Present	Past
Sg.	1	ithim	ithead	ithinn

	2	ith	ithir	itheá
	3	itheadh sé	ithe sé	itheadh sé
Pl.	1	ithimís	íthimíd	ithimís
	2	ithidh	ithe sibh	itheadh sibh
	3	ithidís	ithid	ithidís

Pass.-Impers.

    itear   itear   ití

Participle	Verbal Noun
ite	ithe

9 tagaim "I come"
Indicative

		Present	Imperfect	Past
Sg.	1	tagaim	do thagainn	do thánag
	2	tagann tú	do thagthá	do thánaís
	3	tagann sé	do thagadh sé	do tháinig sé
		etc.	etc.	etc.

Pass.-Impers.

    tagtar   do tagtaí   do thánathas

		Future	Conditional
Sg.	1	tiocfad	do thiocfainn
	2	tiocfair	do thiocfá
	3	tiocfaidh sé	do thiocfadh sé
		etc.	etc.

Pass.-Impers.

    tiocfar   do tiocfaí

		Imperative	Subjunctive	
			Present	Past
Sg.	1	tagaim	tagad	tagainn
	2	tair	tagair	tagthá
	3	tagadh sé	taga sé	tagadh sé
Pl.	1	tagaimís	tagaimíd	tagaimís
	2	tagaidh	taga sibh	tagadh sibh
	3	tagaidís	tagaid	tagaidís

Pass.-Impers.

tagtar	tagtar	tagtaí

Participle	Verbal Noun
tagtha	teacht

10 téim "I go"

Indicative

	Present	Imperfect	Past
Sg. 1	téim	do théinn	do chuas
2	téann tú	do théitheá	do chuais
3	téann sé	do théadh sé	do chuaigh sé
	etc.	etc.	etc.

Pass.-Impers.

	téitear	do téití	do chuaṭhas

	Future	Conditional
Sg. 1	raghad	do raghainn
2	raghair	do raghfá
3	raghaidh sé	do raghadh sé
	etc.	etc.

Pass.-Impers.

	raghfar	do raghfaí

Imperative   Subjunctive

			Present	Past
			Present	Past
Sg.	1	téim	téad	téinn
	2	téir	téir (té tú)	téitheá
	3	téadh sé	té sé	téadh sé
Pl.	1	téimís	téimíd	téimís
	2	téigidh	té sibh	téadh sibh
	3	téidís	téid	téidís

Pass.-Impers.

	téitear	téitear	téití

Participle	Verbal Noun
dulta	dul

VOCABULARY

1. a [ə] (asp.) vocative particle
2. a [ə] (asp.) rel. particle *who, which, that*
3. a [ə] (ecl.) rel. particle *all that*
4. a [ə] possessive pron. *his* (asp.), *her, their* (ecl.)
5. a [ɑ] prep. *out of* (before consonants), see *as*

abair [abir'] imper. of deirim *I say*
abha [au] f. g.-nn, pl. aibhne [əiˈŋ'iː] *river*
abhaile [əˈvalʹi] *home, homewards*
abhar [aur] m. g.-air, pl. id. *reason, material*; abhar sagairt *a clerical student*
abhus [əˈvus] adv. *on this side*
acu [əˈku] see ag
ach [ax] *but*
acra [akərə] m. g. id., pl.-í *an acre*
ádh [ɑː] m. g. áidh *luck*
adhmad [əiməd] m. g.-aid *wood*
admháil [adəˈvɑːlʹ] vn. of admhaím *I admit*
adhmhaím [adəˈviːmʹ] *I admit*
aduaidh [əˈduəgʹ] *from the north*
aer [eːr] m. g. aeir *air*
áfach [ɑːfəx] *however*
ag [igʹ] *at*: with affixed pron. agam [əˈgum], agat [əˈgut], aige [iˈgʹe], aici [iˈkʹi], againn [əˈguŋʹ], agaibh [əˈguvʹ], acu [əˈku]
aghaidh [əigʹ] f. *face, front*; ar aghaidh *in front of, facing, ahead*; i n-aghaidh *against*
agus [agəs] *and*
aibidh [abʹigʹ] *ripe*
Aibreán [abəˈrɑːn] m. g.-áin *April*
Aifreann [afʹirʹən] m. g.-rinn, pl.-aí *Mass*
aice [akʹi]: i n-aice [iˈnakʹi] *near*

212

áil [ɑːlʹ]: is áil liom *I wish*

áille [ɑːlʹi] see álainn

aimhleas [ailʹəs] m. g.-a *disadvantage, mischief*

aimsir [aimʃirʹ] f. g.-e *weather*

aingeal [aŋʹəl] m. g.-gil, pl. id. *angel*

ainm [anʹimʹ] f. g.-e, pl.-neacha *name*; cad is ainm duit? *what is your name?*

ainneoin [iʹŋʹoːnʹ]: d'ainneoin [diʹŋʹoːnʹ] *in spite of*

áintín [ɑːnʹltʹiːnʹ] m. g. id. *aunt*

air [erʹ], see ár

airde [ɑːrdʹi]: i n-airde *up, above*

aire [arʹi] f. g. id. *attention, heed, care*

áireamh [ɑːrʹəv] vn. g.-rimh of áirím *I count, reckon*

airgead [arʹigʹəd] m. g.-gid *silver, money*

airím [aʹrʹiːmʹ] *I hear*

áirím [ɑːʹrʹiːmʹ] *I count, reckon*

áirithe [ɑːrʹihi] *special*; ach go háirithe *at any rate*; duine áirithe *a certain person*

ais [aʃ]: thar n-ais *back*; lena ais *beside him*

áis [ɑːʃ] f., g.-e, pl.-eanna *convenience, benefit*

aisce [aʃgʹi]: i n-aisce *free, gratis*

ait [atʹ] *queer, strange*

áit [ɑːtʹ] f. g.-e, pl.-eanna *place*

1. **aithne** [ahinʹi] f. g. id. *acquaintance*

2. **aithne** f. g. id, pl. aitheanta *commandment*

aithním [anʹlhiːmʹ] *I recognise*

álainn [ɑːlinʹ] *beautiful*; compar.-superl. áille [ɑːlʹi]

Alba [aləbə] f. g.-n *Scotland*

am [aum] m. g.-a, pl.-anta *time*; amanta *sometimes*

amach [əlmax] *out*

amadán [əməldɑːn] m. g.-áin, pl. id. *a fool*

amháin [əlvɑːnʹ] *only, one*: aon fhear amháin *one man*; ach amháin *except*; ní hamháin *not only*

amhlaidh [auligʹ] *thus, so, how*

amáireach [əlmɑːrʹəx] *tomorrow*

amanathar [əlmanərhər] *the day after tomorrow*

amhrán [avəlrɑːn] m. g.-áin, pl. id. *song*

amhras [ãurəs] m. g.-ais *doubt*

amú [əˈmu:] *astray*

amuigh [əˈmu] *outside*

1. an [un] the article, gsf. na; pl. na [nə]

2. an (ecl.) interrog. particle

ana- [ɑnə] intensive prefix *very*

anall [əˈnaul] *hither*

anam [ɑnəm] m. g.-a, pl.-nacha *soul*

aneas [iˈn'as] adv. *from the south*

aniar [iˈn'iər] *from the west*

aníos [iˈn'i:s] *up from below*

ann [aun] *in him, in it; there*

anocht [əˈnuxt] *tonight*

annamh [ɑnəv] *seldom*

anoir [əˈnir'] *from the east*

anois [iˈn'iʃ] *now*; anois beag *just now*

anonn [əˈnu:n] *over (from the speaker)*; anonn is anall *to and fro*

ansan [ənˈson] *there, then*

anso [ənˈso] *here*

anuraidh [əˈnir'ig'] *last year*

anuas [əˈnuəs] *down from above*

Aoine [i:n'i] f. g. id., pl.-nte *Friday*

aoirde [i:rd'i] f. g. id. *height*

aon [e:n] (asp.) *one, any*; aon ní [e:ˈŋ'i:] *anything*

aonach [e:nəx] m. g.-aigh, pl. aontaí *fair*

aonar [e:nər] m. g.-air *solitude, singleness*; duine aonair *a solitary person*

aos [e:s] m. g. aois; aois [i:ʃ] f. *age*

aosta [e:sdə] *old*

1. ar [er'] (asp.) *upon, on*; with affixed pron. orm [orəm], ort [ort], air [er'], uirthi [ir'hi], orainn [oriŋ'], oraibh [oriv'], orthu [orhə]

2. ar [ər] (an + ro) interrog. particle before a verb in the past tense

3. ar, arsa [er', ersə] *said*

ár [ɑ:r] (ecl.) *our*

arán [əˈrɑːn] m. g.-áin *bread*

arbhar [ɑˈruːr] m. g.-air *corn*

ard [ɑːrd] *high*

ardán [ɑːrˈdɑːn] m. g.-áin, pl. id. *high ground*

aréir [əˈreːr'] *last night*

arís [iˈr'iːʃ] *again*

arú [ɑˈruː]: arú inné (amáireach) *the day before yesterday (after tomorrow)*

as [ɑs] prep. *out of*; with suffixed pron. asam [ɑsəm], asat [ɑsət], as [ɑs], aisti [aʃd'i], asainn [ɑsiŋ'] asaibh [ɑsiv'], astu [ɑsdə]

asal [ɑsəl] m. g.-ail, pl. id. *donkey*

athair [ahir'] m. g.-ar, pl. aithreacha *father*

áthas [ɑːhəs] m. g.-ais *joy*

athraím [ahəˈriːm'] *I change*

athrú [ahəˈruː] vn. of athraím *I change*

atúrnae [ɑˈtuːrneː] m. g. id., pl. -tha *attorney*

1. ba [bɑ] nom-acc. pl. of bó *cow*

2. ba [bə] pret. and condit. of is (copula)

bacach [bəˈkɑx] *lame*

bacaim [bakim']:ná bac é! *don't heed him!* ná bac leis! *have nothing to do with him (it)! leave him (it) alone!*

bád [bɑːd] m. g. báid, pl. id. *boat*

bádóir [bɑːˈdoːr'] m. g.-óra, pl.-í *boatman*

bagún [bɑˈguːn] m. g.-úin *bacon*

bail [bal'] f. *prosperity*

baile [bal'i] m. g. id., pl.-lte *townland, home*; baile mór [bal'iˈmuər] *town*

Baile Átha Cliath [bl'aːˈkl'iəh] *Dublin*

bailím [baˈl'iːm'] *I gather, collect*

bainim [bin'im'] *I cut (turf or hay)*: bainim as *I get from*; bainim de *I take away from*

bainne [baŋ'i] m. g. id. *milk*

baint [bint'] vn. of bainim

baintreach [baintr'əx] f., g.-trí, pl. -a *widow*

bairille [baril'i] m. g. id., pl. -llí *barrel*

báisteach [bɑːʃd'əx] f. g. báistí *rain*

bán [bɑːn] *white*

banbh [bɑnəv] m. g. bainbh, pl. banaí *pigling*

banc [bauŋk] m. g. bainc, pl. id. *a bank*

baol [beːl] m. g. baoil *danger*

barr, barra [bɑːr, bɑrə] m. g. barra, pl. barraí *summit, crop*; de bharr *as a result of*

bás [bɑːs] m. g. báis *death*; fuair sé bás *he died*

bata [bɑtə] m. g. id., pl.-í *stick*

bead [b'ed] fut. sg. 1 of táim

beag [b'og] *small*; cá beag duit? *is it not enough for you?*; ach chomh beag *either* (after negative)

beagán [b'əˡgɑːn] g.-áin *a small amount*; fíor-bheagán *very little*

beagnach [b'ogˡnɑːx] *almost*

béal [b'ial] m. g. béil, pl. id. *mouth*

Bealtaine [b'aulhin'i] f. g. id. *May*

bean [b'an] f. g. mná, pl. id. *woman, wife*

beannacht [b'əˡnaxt] f. g.-a, pl.-aí *blessing*

Béarla [b'iarlə] m. g. id. *the English language*

bearradh [b'arə] vn. of bearraim

bearraim [b'arim'] *I clip, shave*

beatha [b'ahə] f. g. id. *life, livelihood, food*

béile [b'eːl'i] f. g. id., pl. -lí *a meal*

beirim [b'er'im'] *I bear, take*; beirim ar *I take hold of*

beirím [b'eˡr'iːm'] *I boil*

beiriú [b'eˡr'uː] vn. of beirím *I boil*

beirt [b'ert'] f. g.-e, pl. -eanna *two persons*

beithíoch [b'eˡhiːx] m. g.-ígh, pl. id. *beast*

beo [b'oː] *alive*

bheirim [v'er'im'] *I give, bring*, see p. 121

bheith [v'e] vn. of tá

bia [b'iə] m. g. bídh, pl.-nna *food*

bím [b'iːm'] habit. pres. sg. 1 of tá

binn [b'iːŋ'] *sweet* (of music)

blas [blas] m. *taste*

bláth [blɑːh] m. -a, pl. -anna *flower*

bláthach [blɑːhəx] f. g. -thaí *buttermilk*

bliain [bl'iən'] f. g. bliana, pl. blianta (bliana with numerals)
  year; i mbliana [i'ml'iənə] *this year*
bó [bo:] f. g. id., pl. ba *cow*
bocht [boxt] *poor*
bog [bog] *soft*
bonn [boun] m. g. boinn, pl. id., *a coin*
boladh [bɑlihi] m. g. id. *smell*
bord [bo:rd] m. g. boird [bu:rd'], pl. id. *table*
bosca [bosgə] m. g. id., pl.-í *box*
bóthar [bo:hər] m. g. -air, pl. bóithre *road*
brách [brɑ:x]: go brách *for ever*
bradán [brə'dɑ:n] m. g. -áin, pl. id. *salmon*
braon [bre:n] m. g. braoin, pl. braonacha *a drop*
brath [brɑh] m. g. braith *expectation*; ag brath air *expecting,*
  trusting
breá [br'a:] *fine*
breac [br'ak] m. g. bric, pl. id. *trout*
bréag [br'iag] f. g. bréige, pl. -a *a lie, untruth*
breith [br'eh] vn. of beirim *I bear*
breoite [br'o:t'i] *sick*
bríc [br'i:k'] m. g. id., pl. -í *brick*; bríc aráin *a loaf of bread*
brisim [br'iʃim'] *I break*
bróg [bro:g] f. g. bróige, pl. -a *shoe*
brón [bro:n] m. g. bróin *grief*
brónach [bro:nəx] *sad, sorrowful*
brostaigh [brosdig'] *hurry!*
brothallach [brohələx] *warm* (of weather)
buachaill [buəxil'] m. g. -alla, pl. -í *boy*
buaile [buəl'i] f. g. id. *paddock, milking-place*
buailim [buəl'im'] *I strike*; do bhuail sé umam *I met him*
buainim [buən'im'] *I reap*
buaint [buənt'] vn. of buainim
bualadh [buələ] vn. of buailim
buartha [buərhə] *worried, troubled*
buan [buən] *lasting, durable*
buí [bi:] *yellow*
buicéad [bə'ke:d] m. g. -éid, pl. -aí *bucket*

buidéal [bi'd'e:l] m. g. -éil, pl. id. *bottle*
buíochas [be:xəs] m. g. -ais *thanks*
buíon [bi:n] f. g. buíne, pl. -ta *class*
bullán [bə'la:n] m. g. -áin, pl. id. *bullock*
bus [bos] m. g. id., pl. -anna *bus*

cá [ka:] *where?* (before a past tense cár)
cad [kad] *what?*; cad tá ort? *what is wrong with you?*
cailín [ka'l'i:n'] m., g. id. pl. -í *girl*
caillim [kal'im'] *I lose*
cailliúint [ka'l'u:nt'] vn. of caillim
caint [kaint'] f. g. -e, pl. -eanna *talk, conversation*; ag caint
 [ə kaint'] *talking*
Cáisc [ka:ʃk'] f. g. Cásca *Easter*; fé Cháisc *by Easter*; um
 Cháisc *at Easter*
caitheamh [kahəv] vn. of caithim *I spend*
caithim [kahim'] *I spend, throw, wear, use*; fut. caithfead
 [kahəd] *I must*
cam [kaum] *crooked*
canad [kanəd] *where*
caoi [ke:] f. g. id. *way, opportunity*
caoireoil [ki:'r'o:l'] f. g. -eola *mutton*
caol [ke:l] *narrow*
caora [ki:rə] f. g. caorach [ke:r'əx], pl. caoirigh [ki:r'i] *sheep*
capall [kapəl] m. g. -aill, pl. id. *horse*
captaen [kap'te:n'] m. g. -aein, pl. -aeiní *captain*
cara [karə] m. and f. g. -d, pl. cairde *friend*
cárta [ka:rtə] m. g. id., pl. -í *card*
casadh [kasə] vn. of casaim
casaim [kasim'] *I turn*
casóg [kə'so:g] f. g. -óige, pl. -a *coat*
casúr [ka'su:r] m. g. -a, pl. -acha *hammer*
cat [kat] m. g. cait, pl. id. *cat*
cathain? [kə'hin'] *when?*
cathair [kahir'] f. g. cathrach, pl. cathracha *city*
cathaoir [ka'hi:r'] f. g. -each, pl. -eacha *chair*
 1. cé [k'e:] m. g. id., pl. -anna *quay*

2. cé? *who?*; cé leis [k'e: l'eʃ] *whose is?* cé acu [k'ukə] *which of them?*

3. cé *although*

cead [k'ad] m. *permission*

1. céad [k'iad] m. pl. -ta *hundred*

2. céad (asp.) *first*

Céadaoin [k'iaˡdi:n'] f. g. -e, pl. -eacha *Wednesday*

céanna [k'ianə] *same*

ceann [k'aun] m. g. cinn, pl. id. *head*; *one* (of a number of things): ceann acu, ceann díobh *one of them*; fé cheann seachtaine *in a week's time*

ceannach [k'əˡnɑx] vn. of ceannaím *I buy*

ceannaí [k'aˡni:] m. g. id., pl. -aithe *buyer*

ceannaím [k'aˡni:m'] *I buy*

ceannaithe [k'əˡnɑhə] *features, face*

ceantar [kauntər] m. g. -air, pl. id. *district*

ceapaim [k'apim'] *I think*

cearc [k'ark] f. g. circe, pl. -a *hen*

ceart [k'art] m. g. cirt, pl. -a *right*

ceárta [k'a:rtə] f. g. -n *forge*

ceathair [k'ahir'] *four* (before a noun, cheithre [x'er'hi])

ceathrar [k'ahərər] m. *four people*

ceathrú [k'arˡhu:] f. g. -n, pl. -na *quarter, fourth*

céile [k'e:l'i] m. and f. g. id., pl. céilí *spouse*; a chéile *each other*; le chéile *together*

ceilim [k'el'im'] *I conceal*

céir [k'e:r'] f. g. céarach *wax*

ceist [k'eʃt'] f. g. -e, pl. -eanna *question*

ceoltóir [k'o:lˡho:r'] m. g. -óra, pl. -í *musician*

cheana [hɑnə] *already*

cheithre [x'er'hi], see ceathair

chím [x'i:m'] *I see*; dependent feicim

choíche [xi:hi] *ever, always* (in present or future)

chomh [xo:] *as*; chomh láidir le *as strong as*

chonac [xnuk] *I saw*

chuas [xuəs] *I went*

chuala [xuələ] *I heard*

chun [xun] *to, towards*; with suffixed pron. **chúm** [xu:m], **chút** [xu:t], **chuige** [xig'i], **chúithi** [xu:hi], **chúinn** [xu:ŋ'], **chúibh** [xu:v'], **chútha** [xu:hə]

ciall [k'iəl] f. g. céille *sense*

ciallmhar [k'iəlvər] *sensible, wise*

cian [k'iən]: ó chianaibh [o:ˈx'iən'iv'] *a while ago, just now* (in the past)

Cill Airne [k'i:ˈl'ɑ:rn'i] *Killarney*

cionn [k'u:n]: os cionn [os k'u:n] *over, above* (c. gen.)

cíos [k'i:s] m. g. -a, pl. -anna *rent*

císte [k'i:ʃd'i] m. g. id., pl. -tí *cake*

cistin [k'iʃd'in'] f. g. cistean, pl. -eacha *kitchen*

citeal [k'itəl] m. g. -il, pl. id. *kettle*

cith [k'ih] m. g. ceatha, pl. ceathanna *shower*

ciúin [k'u:n'] *quiet*

claí [kli:] m. g. id., pl. clathacha *fence*

clann [klaun] f. g. clainne, pl. -a *family, children* (coll.)

clár [klɑ:r] m. g. -áir, pl. -acha *board, table*

cleasaí [kl'aˈsi:] m. g. id., pl. -aithe *trickster*

cloch [klox] f. g. cloiche, pl. -a *stone*

clog [klog] m. g. cloig, pl. id. *clock, bell*; a cúig a chlog [ə ku:g' ə xlog] *five o'clock*

cloisim [kloʃim'] *I hear*

clos [klos] vn. of cloisim *I hear*

clós [klo:s] m. g. clóis, pl. -anna *yard*

cluas [kluəs] f. g. cluaise, pl. -a *ear*

cluiche [klihi] m. g. id., pl. -chí *game*

cluthar [kluhər] *cosy, comfortable*

cnámh [knɑ:v] m. g. cnáimh, pl. -a [knɑ:] *bone*

cnoc [knuk] m. g. cnoic, pl. id. *hill*

codlaim [kolim'] *I sleep*

cogadh [kogə] m. g. -aidh, pl. cogaí *war*

cognaím [kogəˈni:m'] *I chew*

cogaint [kogint'] vn. of cognaím

coileach [kiˈl'ax] m. g. -ligh, pl. id. *cock*

coicíos [kəiˈk'i:s] m. g. -ís *fortnight*

coill [ki:l'] f. g. -e, pl. -te *wood*

coinín [ki'n'i:n'] m. g. id., pl. -í *rabbit*

coinne [kiŋ'i] m. g. id. *expectation*; im choinnibh *towards me*

coinníoll [ki'n'i:l] m. g. -íll, pl. -acha *condition*

1. cóir [ko:r'] *right, just*

2. cóir f.g. córach, pl. córacha *right, justice; favourable wind*; i gcóir *for, to provide for* (c. gen.)

coirce [kork'i] m. g. id. *oats*

cois [koʃ] *beside*; lem chois *along with me*

comáin [kə'mɑ:n'] = tiomáin; do chomáin sé leis *he went on, he proceeded*

comhair [kõ:r'] : os comhair : *in front of, in presence of* (c. gen.)

comhaireamh [ko:r'əv] vn. *counting*

comhairle [kõ:rl'i] f. g. id., pl. -lí *advice*

comharsa [ko:rsə] f. g. -n, pl. -in *neighbour*

comhrá [ko:'rɑ:] m. g. -idh, pl. -ití *conversation*

compordach [ku:m'po:rdəx] *comfortable*

cónaí [ko:'ni:] vn. of cónaím *I dwell*; i gcónaí *always*

cónaím [ko:'ni:m'] *I dwell*

conas [konəs] *how*

contae [ku:n'te:] f. g. id., pl. -the *county*

cor [kor] m. *a twist, a stir*; i n-aon chor [i 'n'e:xər] *at all*

coróin [kro:ŋ'] f. g. -each *crown, five shillings*

cos [kos] f. g. coise, pl. -a *leg, foot*; lem chois *along with me*

cos-nochtaithe [kos'noxdihi] *barefoot*

cosnaíonn [kos'ni:n]: cosnaíonn sé *it costs*

costas [kosdəs] m. g. -ais *cost*

cosúil [ko'su:l'] *like*

cóta mór [ko:tə muər] m. *overcoat*

crann [kraun] m. g. crainn, pl. id. *tree*

craobh [kre:v] f. g. craoibhe, pl.-acha [kre:xə] *branch*

creidim [kr'ed'im'] *I believe*

creidiúint [kr'e'd'u:nt'] f. g. -iúna *credit* (vn. of creidim)

críochnaím [kr'i:x'ni̩:m'] *I finish*

críonna [kr'i:nə] *old*

crios [kr'is] m. g. creasa, pl. -anna *belt*

cró [kro:] m. g. id., pl. -ite *byre*

crochaim [kroxim'] *I hang*

crochta [kroxdə] *set (of sails), aloft, suspended*

croí [kri:] m. g. id., pl. croithe *heart*

cruach [kruəx] f. g. cruaiche, pl. -a *rick*

cruaidh [kruəg'] *hard*

crúb [kru:b] f. g. crúibe, pl. -a *hoof*

crúim [kru:m'] *I milk*

cruithneacht [krin'haxt] f. g. -an *wheat*

cuairt [kuərd'] f. g. cuarta, pl. -eanna *visit*

cuan [kuən] m. g. cuain, pl. -ta *harbour*

cuid [kid'] f. g. coda, pl. -eanna *share, part*; dá chuid féin *of his own*

cúig [ku:g'] *five*

cúigear [ku:g'ər] *five people*

cuimhin [ki:n'] : is cuimhin liom *I remember*

cuimhne [ki:n'i] f. g. id. *memory*

cuimhním [ki:¹n'i:m'] *I remember*

cuíosach [ki:səx] *fairly, moderate*

cuirim [kir'im'] *I put*

cúl [ku:l] : ar chúl *behind*

1. cuma [kumə] f. *appearance*

2. cuma *equal*; is cuma liom *I don't care*

cúnamh [ku:nəv] m. g. -aimh (cúnta) *help*

cúntóir [ku:n¹to:r'] m. g. -tóra, pl. -í *assistant*

cupán [kə¹pɑ:n] m. g. -áin, pl. id. *cup*

cúpla [ku:pələ] m. g. id., pl. -í *a pair, a few, twins*

cur [kur] vn. of cuirim *I put*

cúramach [ku:rəməx] *careful*

1. dá [dɑ:] (asp.) *two*

2. dá (ecl.) *if*

3. dá *to his, her, their*; *from his, her, their*; dá fheabhas é [dɑ:¹aus e:] *however good it is*

daichead [dɑhəd] *forty*

dailtín [dal'¹hi:n'] m. g. id., pl. -í *brat*

Daingean, An [ən daŋ'ən] m. g. An Daingin *Dingle*

daingean [daŋ'ən] *firm*

daor [de:r] *dear* (of price)

dara [dɑtə] *second*

dath [dɑh] m. g. -a, pl. -anna *colour*

de [d'e] (asp.) *of, from*; with pron. díom [d'i:m], díot [d'i:t], de [d'e], di [d'i], dínn [d'i:ŋ'], díbh [d'i:v'], díobh [d'i:v]

Dé [d'e:]: with names of days, Dé Luain *Monday*

deacair [d'akir', d'okir'] *difficult*

dealbh [d'aləv] f. g. deilbhe *appearance, shape*

déanach [d'ianəx] *late*

deara [d'arə]: tugaim fé ndeara *I notice* (see fé)

Déardaoin [d'e:r'di:n'] f. g. -e, pl. -eacha *Thursday*

dearg [d'arəg] *red*

dearmad [d'arəməd]: gan dearmad *without doubt*

dearmhad [d'a'ru:d] m. g. -aid, pl. -taí *act of forgetting; mistake*

deartháir [dr'ə'hɑ:r'] m. g. -ár, pl. -áracha *brother*

dearmhadaim [d'a'ru:dim'] *I forget*

deas [d'as] *pretty, nice*

deatach [d'ə'tɑx] m. g. -aigh *smoke*

deich [d'eh] *ten*

deichniúr [d'en''hu:r] *ten people*

deimhin [d'əin']: go deimhin *indeed*

deinim [d'in'im'] *I do*

déirc [d'e:rk'] f. g. déarca *alms*

deireadh [d'er'i] m. g. -ridh, pl. -ríocha *end*; fé dheireadh thiar thall *at long last, finally*

deireanach [d'er'ənəx] *last, late*

deirfiúr [dr'ə'fu:r] f. g. -féar, pl. -féaracha *sister*

deirim [d'er'im'] *I say*

deisithe [d'eʃihi] *mended*

deo [d'o:]: go deo *for ever*

deoch [d'ox] f. g. dí, pl. -anna *drink*

Dia [d'iə] m. g. Dé *God*

diaidh [d'iəg']: i ndiaidh *after* (c. gen.)

dícheall [d'i:həl] m. g. -chill *one's best effort*

dinnéar [d'i:'ŋ'e:r] m. g. -éir, pl. -acha *dinner*

díobháil [d'i:'vɑ:l'] f. g. -ála *harm, damage*

díol [d'i:l] vn. of díolaim *I sell*

díolaim [d'i:lim'] *I sell*

díreach [d'i:r'əx] *straight, exact*

diúltaím [d'u:l'hi:m'] *I refuse*

do [də] (asp.) *to, for*; with pron. dom [dom], duit [dot'], dó [do], di [d'i], dúinn [du:ŋ'], daoibh [d'i:v'], dóibh [do:v']

dócha [do:xə] *probable*; is dócha *it is probable, likely*

dochtúir [dox'du:r'] m. g. -úra, pl. -í *doctor*

dóigh [do:]: is dóigh liom *I think it likely*

doimhin [dəiŋ'] *deep*

domhan [doun] m. g. -ain *world*

Domhnach [dounəx] m. g. -aigh, pl. Domhntaí *Sunday*

dona [donə] *bad*

donn [doun] *brown*

doras [dorəs] m. g. -ais, pl. doirse *door*

dorcha [dorəxə] *dark*

dorn [dorən] m. g. doirn, pl. doirne *fist*; lán a dhoirn [yoriŋ'] *the full of his fist*

dream [draum] m. g. -a, pl. -anna *crowd, party*

dóthain [do:hin'] m. g. id. *enough*; mo dhóthain *my fill, as much as I want*

dréimire [dr'e:m'ir'i] m. g. id., pl. -irí *ladder*

driosúr [dri'su:r] m. g. -ach, pl. -acha *dresser*

droichead [drohəd] m. g. -chid, pl. id. *bridge*

drom [droum] m. g. -a, pl. -anna *back*

duais [duəʃ] f. g. -e, pl. -eanna *prize*

duart [duərt] *I said*

dubh [duv] *black*

dúil [du:l'] f. g. -e *desire*

duine [din'i] m. g. id., pl. daoine *person*; aoṇ duine [e:ŋ'i] *anyone*; gach aon duine [gɑx e:ŋ'i] *everyone*

dúiseacht [du:ʃəxt] f. *state of being awake, to awaken*

dul [dul] vn. of téim *I go*

dúnadh [du:nə] vn. of dúnaim

dúnaim [du:nim'] *I shut*

é [e:] *he, him*: used as subject of the copula, and as object of transitive verbs

ea [a] *it*; is ea *it is*; ní hea *it is not*; an ea? *is it?*

éachtach [iaxdəx] *wonderful*

éadach [iadəx] m. g. éadaigh, pl. éadaí *cloth*; culaith éadaigh [klih iadig'] *a suit of clothes*

éad [iad] m. g. -a *jealousy*

éadrom [iadrəm] *light*

eagal [ɑgəl]: is eagal liom *I fear*

eagla [ɑgələ] m. and f. g. id. *fear*

éagmais [iamiʃ] : i n-éagmais *without*

éan [ian] m. g. éin, pl. id. *bird*

Earrach [əˈrɑx] m. g. -aigh *Spring*

eatarthu [atərhə], see idir

éigean [eːgʹən] f. *necessity*; b'éigean dom *I had to*; ar éigin *hardly*

éigin [eːgʹinʹ] *some*, as in duine éigin *some-one*

eile [elʹi] *other*

éineacht [eːnəxt]: i n-éineacht le *together with*

éinne [eːŋʹi] m. *anyone*

éinní [eːˈŋʹiː] m. *anything*

Éire [eːrʹi] f. g. -ann *Ireland*

éirí [əiˈrʹiː], vn. of éirím *I rise*

éirím [əiˈrʹiːmʹ] *I rise*; éiríonn liom *I succeed*

éis [eːʃ]: tar éis [trʹeːʃ] *after* (c. gen.)

éisteacht [eːʃdʹəxt], vn. of éistim [eːʃdʹimʹ] *I listen*

eochair [oxirʹ] f. g. eochrach, pl. eochracha *key*

eolas [oːləs] m. g. -ais *knowledge*

eorna [oːrnə] f. g. id. or -n *barley*

fad [fɑd] *length*; ar fad [erʹ fɑd] *entirely, altogether*; i bhfad [əˈvɑd] *far*; *for a long time*

fada [fɑdə] *long*

fadó [fɑˈdoː] *long ago*

fágaim [fɑːgimʹ] *I leave*

fágaint [fɑːgintʹ], vn. of fágaim *I leave*

faid [fɑdʹ] f. *length* (time or distance)

faighim [fəimʹ] dependent of gheibhim *I get*

fáil [fɑːlʹ], vn. of faighim (gheibhim); le fáil *to be got*

faill [failʹ] f. g. -e, pl. -teacha *cliff*

fáilte [fɑ:l'hi] f. g. id., pl. -tí *welcome*

faire! [far'i] *shame!*

fairsing [farʃəg] *wide, extensive*

fál [fɑ:l] m. g. fáil, pl. -ta *hedge*

falla [fɑlə] m. g. id., pl. -í *wall*

fanaim [fɑnim'] *I wait*

fanúint [faˈnu:nt'], vn. of fanaim *I wait*

farraige [farig'i] f. g. id., pl. -gí *sea*

fasc [fask] m. *iota (of sense)*

fáth [fɑ:h] m. g. -a, pl. -anna *cause, reason*; cad fáth? *why?*

fé [f'e:] *under*; fé ndear [f'e: n'a:r] *caused*; tabhairt fé ndeara [tu:rt' f'e: n'arə] *to notice, observe*; with suffixed pronoun fúm [fu:m], fút [fu:t], fé [f'e:], fúithi [fu:hi], fúinn [fu:ŋ'], fúibh [fu:v'], fúthu [fu:hə]

feabhas [f'aus] m. g. -ais *goodness, excellence, improvement*

féachaim [f'iaxim'] *I look*

féachaint [f'iaxint'] vn. of féachaim

féadaim [f'iədim'] *I can*

feadar [f'adər]: ní fheadar [n'i: ˈadər] *I do not know*

feadh [f'ag]: ar feadh [er' f'ag] *during, throughout*

fear [f'ar] m. g. fir, pl. id. *man*

féar [f'iar] m. g. féir *grass*

fearg [f'arəg] f. g. feirge *anger*

fearr [f'a:r] *better, best*; is fearr liom *I prefer*

feasta [f'asdə] *in future, from now on*

feicim [f'ik'im'], dependent of chím *I see*

féidir [f'e:d'ir'] *possible*; b'fhéidir *perhaps*

féin [f'e:n'] *self, even*

feirm [f'er'im'] f. g. -e, pl. -eacha *farm*

feirmeoir [f'er'iˈm'o:r'] m. g. -eora, pl. -í *farmer*

feochta [f'o:xdə] *withered*

feoil [f'o:l'] f. g. -ola *meat*

fiafraím [f'iərˈhi:m'] *I ask (a question)*

fiche [f'ihi] *twenty*

fíor [f'i:r] *true*; fíor-uisce *spring water*

fios [f'is] m. g. feasa *knowledge*; cá bhfios dom? *how do I know?*

fírinne [f'i:r'iŋ'i] f. g. id., pl. -inní *truth*

fiú [f'u:] *worth*

fiuchadh [f'uxə], vn. *boiling, to boil*; ar fiuchadh [f'uxig']
  boiling

flaithiúil [flɑ'hu:l'] *generous*

fliuch [fl'ux] *wet*

focal [fokəl] m. g. -ail, pl. id. *word*

fód [fo:d] m. g. fóid, pl. id. *sod*

foghlaim [foulim'] vn. of foghlaimím

foghlaimím [foulə'mi:m'] *I learn*

foighne [fəiŋ'i] f. g. id. *patience*

folamh [foləv] *empty*

foláir [fə'lɑ:r'] (*excessive*): ní foláir dom [n'i: fə'lɑ:r dom] *I
  must*

folláin [fə'lɑ:n'] *healthy*

Fómhar [fõ:r] m. g. -air *Autumn*

fonn [fu:n] m. *desire*

fós [fo:s] *still, yet*

fráma [frɑ:mə] m. g. id., pl. -í *frame*

freagairt [fr'agirt'] vn. *to answer*

freagra [fr'agərə] m. g. id., pl. -í *answer*

fuacht [fuəxt] m. g. -a *cold*

fuar [fuər] *cold*

fuil [fil']: ná fuil? *is not?* an bhfuil? *is?* (see tá)

fuilim [fil'im'], dependent of táim *I am*

fuinneog [f'i'ŋ'o:g] f. g. -eoige, pl. -a *window*

fuiriste [fr'iʃd'i, ir'iʃd'i] *easy*; compar. usa [usə]

fuiscí [fiʃg'i:] m. g. id. *whiskey*

gá [gɑ:] m. g. id. *need*

gabha [gou] m. g. id., pl. gaibhne [gəiŋ'i:] *blacksmith*

gabhar [gour] m. g. -air, pl. id. *goat*

gabháil [gvɑ:l'], vn. of gabhaim *I take, I go*

gabhaim [goum'] *I take, I go*

gach [gɑx] *each, every*

gadhar [gəir] m. g. -air, pl. id. *dog*

Gaeilge [ge:liŋ'] f. g. id. *the Irish language*

gairdín [gɑːrˡdʼiːnʼ] m. g. id., pl. -í *garden*

gáire [gɑːrʼi] m. g. id., pl. -rí *a laugh*

gáirí [gɑːˡrʼiː], vn. *laughter*; ag gáirí *laughing*

gamhain [gaunʼ] m. g. gamhna, pl. id. *calf*

gan [gɑn] (asp.) *without*

gann [gaun] *scarce*

gaoth [geːh] f. g. gaoithe *wind*

gar [gɑr] *near*; i ngar dóibh *near them*

garbh [gɑrəv] *rough*

garda [gɑːrdə] m. g. id., pl. -í *guard*; garda síochána [ʃiːˡxɑːnə]
   civic guard

garsún [gɑrˡsuːn] m. g. -úin, pl. id. *boy*

geal [gʼal] *bright, white*

gealach [gʼəˡlɑx] f. g. -laí *moon*

geall [gʼaul] m. g. gill *pledge, wager*; geall le *almost*; mar
   gheall ar *concerning, because of*

géar [gʼiar] *sharp, sour*

gearán [gʼiˡrʼɑːn], vn. of gearánaim

gearánaim [gʼiˡrʼɑːnimʼ] *I complain*

gearr [gʼaːr] *short*: is gearr go *soon*

gearradh [gʼarə] vn. of gearraim *I cut*

gearraim [gʼarimʼ] *I cut*

gearrachaile [gʼarəxalʼi] m. g. id., pl. -lí *young girl*

Geimhreadh [gʼiːrʼi] m. g. -ridh *Winter*

gheibhim [jəimʼ] *I get*; dependent faighim

giúistís [gʼuːʃˡdʼiːʃ] m. g. id., pl. -í *district justice*

giorracht [gʼəˡraxt] *shortness*; ag dul i ngiorracht *getting
   shorter*

glacaim [glɑkimʼ] *I take, I accept*

glan [glɑn] *clean*

glanaim [glɑnimʼ] *I clean*

glaoch [gleːx] vn. of glaoim

glaoim [gleːmʼ] *I call*

1. glas [glɑs] *grey, green* (of grass, the sea etc.)

2. glas m. g. -ais, pl.-aiseanna *lock*

gleo [glʼoː] m. g. -idh *noise*

glinniúint [glʼiˡŋʼũːntʼ] vn. *staring*

gloine [glin'i] f. g. id., pl. -ní *glass*

glóire [glo:r'i] f. *glory*

gnáth [gnɑ:h] *usual*; de ghnáth *usually*

gnáthach [gnɑ:həx] *customary*

gnó [gno:] m. g. -tha, pl. -thaí *business*

1. go [gə] *to, till*; go léir *entirely*; go maith *well*; uair go leith [uər' gil'i] *an hour and a half*

2. go (ecl.) conj. *that*

goirt [girt'] *salty*

gorm [gorəm] *blue*

gort [gort] m. g. goirt, pl. id. (*tillage*) *field, cornfield*

gortaím [gor'ti:m'] *I hurt, I injure*

grá [grɑ:] m. g. id. *love*

gráinne [grɑ:ŋ'i] m. g. id., pl. -nní *grain*

gránna [grɑ:nə] *ugly*

greadadh [gr'adə] vn. *scorching, warming*; greadadh trí lár do scart! *torture through the middle of your entrails!*

gréasaí [gr'ia'si:] m. g. id., pl. -aithe *shoemaker*

greim [ǧr'əim'] m. g. -eama, pl. -eamanna *grip*; *bite*; *bit*; *stitch*; an greim déanach curtha *the last stitch put in*

grian [gr'iən] f. g. gréine *sun*

gruaig [gruəg'] f. g. -e *hair*

guala [guələ] f. g. -nn, pl. guaille *shoulder*

guí [gi:] f. g. id., pl. guíonna *prayer, wish*

gúna [gu:nə] m. g. id., pl. -í *gown, dress*

halla [hɑlə] m. g. id., pl. -í *hall*

hata [hɑtə] m. g. id., pl. -í *hat*

i [i, ə] (ecl.) *in*

iarann [iərən] m. g. -ainn *iron*

iarracht [iərəxt] f. g. -a, pl. -aí *attempt, try*

iarraidh [iərig'], vn. of iarraim *I ask* a d'iarraidh (= ag iarraidh) *asking*

iarraim [iərim'] *I ask* (a favour)

iarthar [iərhər] m. g. -air *the west*

iasacht [iəsəxt] f. g. -a, pl. -aí *loan*

iasachta [iəsəxtə] *foreign*

iasc [iəsk] m. g. éisc, pl. id. *fish*

iascach [iəsgəx] m. g. -aigh *fishing*

iascaireacht [iəsgir'əxt] f. g. -a *fishing*

iascaire [iəsgir'i] m. g. id., pl. -airí *fisherman*

idir [id'ir', d'ir'] (asp.) *between*; with affixed pron. eadrainn, eadraibh, eatarthu.

im [i:m'] m. g. -e *butter*

imeacht [i¹m'axt], vn. of imím *I go away*

imím [i¹m'i:m'] *I go away*

imirt [im'irt'] f. g. imeartha, vn. of imrím *I play*

imní [im'i¹n'i:] m. g. id. *anxiety*

imrím [im'i¹r'i:m'] *I play*

iníon [i¹n'i:n] f. g. -íne *daughter*

iníor [i:¹ŋ'i:r], vn. *grazing*

inné [i¹n'e:] *yesterday*

inneall [iŋ'əl] m. g. -ill, pl. id. *machine*; inneall buailte *threshing machine*

inniu [i¹n'uv] *today*

insim [i:n'ʃim'] *I tell*

insint [i:n'ʃint'], vn. of insim *I tell*

iomad [uməd]: an iomad *too much, too many*

iompaím [u:m¹pi:m'] *I turn*

ionadh [u:nə] m. and f. g. id., pl. ionaí *wonder, surprise*

ionann [in'ən] *same, identical*

iontach [u:ntəx] *wonderful*

íseal [i:ʃəl] *low*

ísleán [i:ʃ'l'ɑ:n] m. g. -áin, pl. id. *low ground*

isteach [iʃ¹d'ax] *into, in* (with motion); isteach i *into*

istigh [iʃ¹d'ig'] *in, inside*

istoíche [is¹di:hi] *at night*

ithim [ihim'] *I eat*

lá [lɑ:] m. g. lae, pl. laetheanta *day*; lá dá raibh sé *one day, when he was . . .*

labhairt [lourt'], vn. of labhraim *I speak*

labhraim [lourim'] *I speak*

lách [lɑːx] *friendly, pleasant*

lag [lɑg] *weak*

laghad [liːd] *fewness, smallness*

láidir [lɑːd'ir'] *strong*

laistigh [laʃ'd'ig'] *within, inside*

lámh [lãːv] f. g. láimhe [lãː], pl. lámha [lãː] *hand*

lán [lɑːn] *full*

lasaim [lɑsim'] *I light*

lasmuigh [lasˈmu] *outside*; lasmuigh dhíom-sa *except myself*

láthair [lɑːhir'] f. *presence*; i láthair *present*; fé láthair *at present*

le [l'e] *with*; with affixed pron. liom [l'um], leat [l'at], leis [l'eʃ], léi(thi) [l'eː(hi)], linn [l'iŋ'], libh [l'iv'], leo(tha) [l'oː(hə)]

leabaidh [l'abig'] f. g. leapan, pl. leapacha *bed*

leabhar [l'our] m. g. -air, pl. id. *book*

léamh [l'eː], vn. of léim *I read*

leanaim [l'anim'] *I follow*

leanbh [l'anəv] m. g. linbh, pl. leanaí *child*

léann [l'eːn] m. g. léinn *learning*

leataoibh [l'aˈtiːv'] *one side*; i leataoibh mo dhorais *beside my door*

leath [l'ah] f. *half, side*; (as prefix) *one of a pair*, leathshúil *one eye*

leath [l'ah]: do leath a bhéal ar Shéadna *Séadna's mouth opened wide (with astonishment)*

leathan [l'ahən] *broad, wide*

leathar [l'ahər] m. g. -air *leather*

leigheas [l'əis] m. g. -ghis, pl. -anna *cure*

léim [l'eːm'] *I read*

léimim [l'eːm'im'] *I jump, leap*

léir [l'eːr']: go léir *entirely, all*

leis [l'eʃ] *also, with him, with it*. See le

leisce [l'eʃg'i] f. g. id. *laziness, reluctance*; tá leisce air *he is loth*

leisciúil [l'eʃ'g'uːl'] *lazy*

leithéid [l'iˈheːd'] f. pl. -í *something like*; a leithéid *the like of it, such a thing as it* leor [l'o:r]: go leor *plenty*

liath-ghorm [l'iəhɣorəm] *grey-blue, steel-grey*

liathróid [l'iər'ho:d'] f. g. -e, pl. -í *ball*

ligim [l'ig'im', l'ogim'] *I let, I allow*; pret. do ligeas

líon [l'i:n] m. g. lín, pl. -ta *net*

líonadh [l'i:nə], vn. of líonaim

líonaim [l'i:nim'] *I fill*

lionn [l'u:n] m. g. leanna *porter, ale*

litir [l'et'ir'] f. g. -treach, pl. -treacha *letter*

loch [lox] m. and f. g. -a (or loiche), pl. -a *lake*

lóistín [lo:ʃ'd'i:n'] m. g. id. *lodging*

lom [loum] *bare*

long [lu:ŋg] f. g. loinge, pl. longa *ship*

lorg [lorəg] m. *track*; ar lorg *looking for, seeking*

luach [luəx] m. *price*

Luan [luən] m. g. -ain *Monday*; Dé Luain *on Monday*

luath [luəh] *early*; go luath *soon*

luch [lux] f. g. luiche, pl. -aigh *mouse*

lucht [loxt] m. *people*; lucht oibre *working-people*

luí [li:], vn. of luím [li:m'] *I lie*

Lúnasa [lu:nəsə] f. g. id. *August*

má [mɑ:] *if*; with copula más

mac [mɑk] m. g. mic, pl. id. *son*

machnaím [mɑx'ni:m'] *I reflect*

machnamh [mɑxnəv] vn. of machnaím

mada rua [mɑdə ruə] m. *fox*

magadh [mɑgə] m. g. -aidh *mocking, joking*

maide [mɑd'i] m. g. id., pl. -dí *stick, beam*; maide rámha
　　(rã:) *oar*

maidean [mɑd'ən] f. g. -dine, pl. -acha *morning;* ar maidin
　　[er' mad'in'] *in the morning, this morning*

maircréal [mɑr'ˈkr'e:l] m. g. -éil, pl. id. *mackerel*

mairteoil [mɑr'ˈt'o:l'] f. g. -eola *beef*

máistir [mɑ:ʃd'ir'] m. g. id., pl. -trí *master, schoolmaster*

maith [mɑh] *good*; go maith *well*; is maith liom *I like*

maithim [mɑhim'] *I forgive*

mála [mɑːlə] m. g. id., pl. -í *bag*

mall [mauł] *slow*

maol [meːl] *bald*

mar [mɑr] *as*; mar sin *therefore*

mara [mɑrə] *unless*

marbh [mɑrəv] *dead*

margadh [mɑrəgə] m. g. -aidh, pl. -gaí *market*

Máirt [mɑːrt'] f. g. -e *Tuesday*; Dé Máirt *on Tuesday*

Márta [mɑːrtə] m. g. id. *March*

máthair [mɑːhir'] f. g. -ar, pl. máithreacha *mother*

meabhair [m'aur'] f. g. -bhrach *mind, memory*; meabhair chinn *intelligence*

mealbhóg [m'aləˈvoːg] f. g. -óige, pl. -óga *satchel, bag*

meán [m'aːn] m. g. -áin *middle*; meán oíche *midnight*

Meán Fhómhair [m'aːn oːr'] m. g. id. *September*

meas [m'as] m. g. -a *regard, esteem*

measa [m'asə] compar. of olc

measaim [m'asim'] *I think*

méid [m'eːd'] m. g. id. *amount*; an méid sin *that much*; dá mhéid *however much*

meigeall [m'eg'əl] m. g. -ill *a goat's beard, "goatee"*

meisce [m'eʃg'i] f. g. id. *drunkenness*; ar meisce *drunk*

Meitheamh [m'ihəv] m. g. -thimh *June*

mí [m'iː] m. g. id., pl. -onna *month*

mian [m'iən]: is mian liom *I wish, desire*

mias [m'iəs] f. g. méise, pl. -a *dish*

míle [m'iːl'i] m. g. id., pl. mílte *thousand, mile*

milis [m'il'iʃ] *sweet*

milleán [m'iˈl'aːn] m. g. -eáin *blame*

millim [m'il'im'] *I destroy*

milleadh [m'il'i] vn. of millim

min [m'in'] f. g. -e *meal*

minic [m'in'ik'] *often*

mionn [m'uːn] m. g. -a, pl. id. *oath*; dar bhrí na mionn! *by virtue of the oaths!*

miste [m'iʃd'i] *the worse for it, harm*; ní miste dhuit *it is no harm for you*; ní miste liom *I do not mind*

mithid [m'ihid']: is mithid duit *it is time for you*

1. mó [mo:]: an mó? *how many?* is mó duine *many a person*
2. mó, compar. of mór *big*
moch [mux]: go moch *early*
moill [mi:l'] f. g. -e *delay*
móin [mo:n'] f. g. móna *turf, peat*
molaim [molim'] *I praise, commend*
mór [muər] *great, big*; an mór? *how much?* nach mór *almost*
mórán [muə'rɑ:n] m. *much*
mórthimpeall [muər'hi:mpəl] *all round*
muc [muk] f. g. muice, pl. -a *pig*
muiceoil [mi'k'o:l'] f. g. -eola *pork*
múineadh [mu:n'i] *teaching*
múinim [mu:n'im'] *I teach*
múinteoir [mu:n''t'o:r'] m. g. -eora, pl. -í *teacher*
muintir [mi:nt'ir'] f. g. -e *people*
Muire [mir'i] f. *Mary* (as the name of Our Lady)
na [nə] gsf. and pl. of the article an
1. ná [nɑ:] *than*
2. ná *that not*; *which not*
3. ná, neg. interrog. particle
nach [nɑ:x] *which is not*; *is not?* nach mór *almost*
náire [nɑ:r'i] f. g. id. *shame*
naoi [ne:] (ecl.) *nine*
naomhóg [ne:'vo:g] f. g. -óige, pl. -a *coracle*
nár [nɑ:r] *that not, which not* (with past tense)
neamh- [n'a(v)] negative prefix
neomat [n'o:mət] m. g. -ait, pl. -aí *minute*
1. ní [n'i:] (asp.) *not*
2. ní m. g. id., pl. nithe *thing*
níl [n'i:l'] *is not* (see tá)
ním [n'i:m'] *I wash*
nimh [n'iv'] f. g. -e *poison*; ina spréachaibh nimhe [n'ĩ:] *in venomous sparks*
níor [n'i:r] (asp.) *not* (with past tense)
níos [n'i:s], before comparatives in the present tense (p. 121)
nó [nu:] *or*
Nollaig [nolig'] f. g. -ag, pl. -í *Christmas*

nós [no:s] *custom*; ar aon nós *anyhow*

nua [no:] *new*

nuair [nuər'] *when*

ó [o:] *from, since*; with affixed pron. uaim [uəm'], uait [uət'], uaidh [uəg'], uaithi [uəhi], uainn [uəŋ'], uaibh [uəv'], uathu [uəhə]

obair [obir'] f. g. oibre, pl. oibreacha *work*

ocht [oxt] *eight*

ocras [okərəs] m. g. -ais *hunger*

ó dheas [o:ǀjas] *to the south*

óg [o:g] *young*

oíche [i:hi] f. g. id., pl. -anta *night*; istoíche *at night*

oifig [ef'ig'] f. g. -e, pl. -í *office*; oifig an phoist [fiʃt'] *post-office*

oileán [iǀl'a:n] m. g. -áin, pl. id. *island*

oiread [ir'əd] *so much, so many, as many*

ól [o:l] vn. of ólaim

ólaim [o:lim'] *I drink*

olc [olk] *bad*

ór [o:r] m. g. óir *gold*

os [os]: os cionn *above, over* (c. gen.); os comhair *in front of* (c. gen.)

oscailt [osgilt'], vn. of osclaím *I open*; ar oscailt *open*

osclaím [osgəlim', osgəǀli:m'] *I open*

ó shin [o:ǀhin'] *since*; bliain ó shin *a year ago*

ósta [o:sdə]: tigh ósta *hotel*

paidir [pɑd'ir'] f. g. -dre, pl. -dreacha *prayer*

páipéar [pɑ:ǀp'e:r] m. g. -éir, pl. id. *paper*

páirc [pɑ:rk'] f. g. -e, pl. -eanna *field*

páiste [pɑ:ʃd'i] m. g. id., pl. -tí *child*

paróiste [pro:ʃd'i] f. g. id., pl. -tí *parish*

pé [p'e:] *whatever* (adj.): pé duine *whoever*; pé rud *whatever*; pé hé thú féin *whoever you are*; pé scéal é *in any case*

peann [p'aun] m. g. pinn, pl. id. *pen*

pian [p'iən] m. g. id., pl. -ta *pain*

pingin [p′iŋ′in′] f. g. -e, pl. -í *penny*
pioc [p′uk] *nothing*
piocadh [p′ukə] vn. of piocaim
piocaim [p′ukim′] *I pick*
plaincéad [plaiŋ′lk′e:d] m. g. -éid, pl. -aí *blanket*
plúr [plu:r] m. g. plúir *flour*
póca [po:kə] m. g. id., pl. -í *pocket*
pocán gabhair [pəlkɑ:n gour′] *he-goat*
póg [po:g] f. g. póige, pl. -a *kiss*
poll [poul] m. g. poill, pl. id. *hole*
pósaim [po:sim′] *I marry*
post [post] m. g. poist, pl. -anna *post, position*
praghas [prəis] m. *price*
práta [prɑ:tə] m. g. id., pl. -í *potato*
préachán [pr′i:lxɑ:n] m. g. -áin, pl. id. *crow*
puinn [pi:ŋ′] *much* (with neg.)
punt [pu:nt] m. g. puint, pl. id. *pound*

rá [rɑ:], vn. of deirim *I say*
radharc [rəirk] m. g. -airc, pl. -anna *view, sight*
raghad [rəid] *I shall go*
ráithe [rɑ:hə] f. g. id., pl. -thí *a season, three months*
ramhar [raur] *fat*
rás [rɑ:s] m. g. ráis, pl. ráiseanna *race*
réal [re:l] m. g. réil, pl. -acha *sixpence*
réidh [re:g′] *ready; level; quiet*
réir [re:r′] f. *order*; de réir *according to* (c. gen.)
réitím [re:lt′i:m′] *I agree, come to terms*; *I solve* (a problem)
riamh [riəv] *ever, always* (in the past)
rince [ri:ŋk′i] m. g. id., pl. -cí *dance*
rith [rih], vn. of rithim *I run*; i rith *during* (c. gen.)
rithim [rihim′] *I run*
rogha [rou] m. g. id. *choice*
roimh [rim′] *before*; with affixed pron. romham [ro:m],
　romhat [ro:t], roimhe [rim′iʃ], roimpi [ri:mp′i], romhainn
　[ro:ŋ′], romhaibh [ro:v′], rompu [ro:mpə]
rothar [rohər] m. g. -air, pl. id. *bicycle*

rua [ruə] *red*

rud [rod] *thing*

rugas [r'ugəs] *I bore, I caught, I took* (see beirim)

rún [ru:n] m. g. rúin, pl. id. *secret*

sa [sə] (= ins an) *in the*

sá [sɑ:], vn. of sáim

sagart [sɑgərt] m. g. -airt, pl. id. *priest*

saghas [səis] m. g. -ais, pl. -anna *sort, kind*

saibhir [sev'ir'] *rich*

saighdiúir [səi'd'u:r'] m. g. -diúra, pl. -í *soldier*

sáile [sɑ:l'i] m. g. id. *sea-water*

saileach [si'l'ax] f. g. -lí, pl. -a *willow*

sáim [sɑ:m'] *I thrust, push, plunge*

salach [slax] *dirty*

salann [sɑlən] m. g. -ainn *salt*

Samhradh [saurə] m. g. -aidh *Summer*

san [son] *that*

saoire [si:r'i]: lá saoire *holiday*

1. saor [se:r] *cheap, free*

2. saor cloiche [klohi] m. *stonemason*

saothrú [se:r'hu:], vn. *earning, to earn*

sara [sɑrə] *before* (of time); sara fada *before long*

sáraím [sɑ:'ri:m'] *I contradict, overcome*

sásamh [sɑ:səv], vn. of sásaím *I satisfy*

sástacht [sɑ:sdəxt] *contentment*; ar a shástacht *quite content*

scadán [sgə'dɑ:n] m. g. -áin, pl. id. *herring*

scanradh [sgaurə] m. g. id. *terror, fright*

scaoilim [sgi:l'im'] *I loose, set free*

scart [sgart] gp. of scairt, *entrails*

scéal [ʃg'ial] m. g. scéil, pl. -ta *story*

scéala [ʃg'ialə] m. g. id. *news, tidings*

scéalaíocht [ʃg'ia'li:xt] f. g. -a *storytelling*

sceartadh [ʃg'artə], vn. *bursting (into laughter)*

scian [ʃg'iən] f. g. scine, pl. sceana *knife*

scilling [ʃg'il'iŋ'] f. g. -e, pl. -í *shilling* (see p. 103)

scoil [sgol'] f. g. -e, pl. -eanna *school*

scoláire [sgə'lɑ:r'i] m. g. id., pl. -rí *scholar*

scríobh [ʃgr'i:(v)], vn. of scríobhaim *I write*

scríobhaim [ʃgr'i:m'] *I write*

scríte [ʃgr'i:t'i] *written*

scuabaim [sguəbim'] *I sweep*

1. sé [ʃe:] *he*

2. sé *six*

seachaint [ʃaxint'], vn. of seachnaím *I avoid*

seachnaím [ʃaxə'ni:m'] *I avoid*

seacht [ʃaxt] (ecl.) *seven*

seachtain [ʃaxdin'] f. g. -e, pl. -í *week*

seans [ʃans] m. *chance, luck*

sean(a) [ʃan(ə)] *old* (as prefix)

seanfhocal [ʃanokəl] m. g. -ail, pl. id. *proverb*

seasaím [ʃa'si:m'] *I stand*

seasamh [ʃasəv], vn. of seasaím *I stand*

seint [ʃəint'], vn. *playing (music)*

séipéal [ʃe:'p'e:l] m. g. -éil, pl. id. *chapel*

seo [ʃo] *this* (after a slender consonant). See so

seol [ʃo:l] m. g. seoil, pl. -ta *sail*

seomra [ʃo:mərə] m. g. id., pl. -í *room*

sí [ʃi:] *she*

sia [ʃiə] compar. of fada

siad [ʃiəd] *they*

siar [ʃiər] *westwards*

sílim [ʃi:l'im'] *I think*; do shíleas *I thought* [də hi:l'əs]

sin [ʃin'] *that*

sinn [ʃiŋ'] *we*

sioc [ʃuk] m. g. seaca *frost*

síol [ʃi:l] m. g. síl, pl. -ta *seed*

siopa [ʃupə] m. g. id., pl. -í *shop*

síos [ʃi:s] *down*

siúcra [ʃu:k'ir'i] m. and f. g. id. *sugar*

siúinéir [ʃu:'n'e:r'] m. g. -éara, pl. -í *carpenter, joiner*

siúl [ʃu:l], vn. of siúlaím *I walk*

siúlaím [ʃu:'li:m'] *I walk*

slán [slɑ:n] *safe, sound*; fágaim slán (ag) *I say goodbye (to)*

Slánaitheoir [slɑ:nəho:r'] m. g. -eora *Saviour*

slat [slɑt] f. g. slaite, pl. -a *rod*; ar shlait a dhroma *on the broad of his back*

slí [ʃl'i:] f. g. id., pl. slite *way, path; space*

sliabh [ʃl'iəv] m. g. sléibhe [ʃl'e:], pl. sléibhte [ʃl'e:t'i] *mountain*

slua [sluə] m. g. id. *crowd*

snámh [snɑ:v], vn. of snámhaim [snɑ:m'] *I swim, float*

snáth [snɑ:h] m. g. -a, pl. id. *thread*

so [so] *this*

soir [sir'] *eastwards*

solas [soləs] m. g. -ais, pl. soilse *light*

soláthraím [slɑ:r'hi:m'] *I provide, supply*

soláthar [slɑ:hər], vn. of soláthraím

son [son]: ar son *for the sake of* (c. gen.)

speal [sb'al] f. g. speile, pl. -a *scythe*

spórt [sbo:rt] m. g. spóirt *sport, fun*

spréach [sbr'iax] f. *spark*

sráid [srɑ:d'] f g. -e, pl. -eanna *street*

sráidbhaile [srɑ:dv'al'i] m. *village*

sroisim [sroʃim'] *I reach*

stábla [sdɑ:bələ] m. g. id., pl. -í *stable*

stad [sdɑd], vn. of stadaim

stadaim [sdɑdim'] *I stop*

staithim [sdɑhim'] *I pluck, pull*

staitheadh [sdɑhə] vn. of staithim

staighre [sdəir'i] m. g. id., pl. -rí *stairs*

stáisiún [sdɑ:'ʃu:n] m. g. -iúin, pl. id. *station*

stoca [sdokə] m. g. id., pl. -í *stocking*

stoirm [sder'im'] f. g. -e, pl. -eacha *storm*

stól [sdo:l] m. g. stóil, pl. id. *stool*

stracadh [sdrakə], vn. of stracaim

stracaim [sdrakim'] *I tear*

stróinséir [sdro:n'ʃe:r'] m. g. -séara *stranger*

suaimhneas [suən'əs] m. g. -nis *peace, quietness*

suas [suəs] *upwards*

súd [su:d] *that*; iad súd *those people*; a thigh siúd [ə hig' ʃu:d] *his (that man's) house*

súgán [su:'gɑ:n] m. g. -áin, pl. id. *straw-rope*

suí [si:], vn. of suím *I sit*

súil [su:l'] f. g. -e, pl. id. *eye*

suím [si:m'] *I sit*

suim [si:m'] f. g. -e *heed, attention*

suipéar [səˡp'e:r] m. g. -éir, pl. -acha *supper*

súiste [su:ʃd'i] m. g. id., pl. -tí *flail*

tá [tɑ:] *is* (Lessons IV and VI)

tábhairne [tɑ:rn'i] m. g. id., pl. -ní *tavern, public-house*

tabhairt [tu:rt'], vn. of bheirim *I give*

taca [takə] m. *point of time*; um an dtaca so *by this time*

tagaim [tɑgim'] *I come*

táilliúir [tɑ:ˡl'u:r'] m. g. -iúra, pl. -í *tailor*

tairbhe [tar'if'i] m. g. id. *profit, good, benefit*

1. tairgim [tar'ig'im'] *I offer*; vn. tairiscint

2. tairgim *I draw*; vn. tarrac

tais [tɑʃ] *damp*

taispeánaim [t'iʃˡb'ɑ:nim'] *I show*

taithí [ta'hi:] f. *habit, practice, use*

taitneann [taŋ'hən]: taitneann sé liom *I like him (it)*

talamh [tɑləv] m. and f. g. tailimh, talún, pl. tailte, talúintí *land*

tamall [tɑməl] m. g. -aill, pl. -acha *a while; a space (of time or distance)*

taobh [te:v] m. g. taoibh, pl. -anna *side*

taoibhín [ti:ˡv'i:n'] m. g. id., pl. -í *patch on shoe-upper*

tapaidh [tɑpig'] *quick*

tarbh [tɑrəv] m. g. tairbh, pl. -aí *bull*

tar éis [tr'e:ʃ] *after* (c. gen.)

tarna [tɑrnə] *second*

tarrac [tɑrək], vn. of 2. tairgim

tart [tɑrt] m. g. -a *thirst*

te [t'eh] *hot*

1. té [t'e:] f. g. id. *tea*

2. té: an té *he who*

teacht [t'axt], vn. of tagaim *I come*

téad [t'iad] f. g. téide, pl. -racha *rope*

teanga [t'aŋə] f. g. -n, pl. -cha *tongue, language*

teannta [t'auntə]: i dteannta *along with*; im theannta *with me*

teas [t'as] m. g. -a *heat*

teastaíonn [t'asˈti:n] *is lacking*; teastaíonn sé uaim *I want it, need it*

téim [t'e:m'] *I go*

teipeann [t'ep'ən] *fails* (impers.); do theip orm *I failed*; gan teip *without fail*

thall [haul] *yonder, over there*

thar [har] *beyond, over*; thar n-ais *back*; thar cheann *in return for*; with pron. tharam [harəm], tharat [harət], thairis [har'iʃ], thairste [hɑ:rʃi], tharainn [hariŋ'], tharaibh [hariv'], tharstu [ho:rsə]

tharla [hɑ:rlə] *it happened*

thiar [hiər] *in the west*; taobh thiar *behind*

thíos [hi:s] *below*

thoir [hir'] *in the east*

thuas [huəs] *above*

tí [t'i:]: ar tí *about to, intending*

ticéad [t'i'k'e:d] m. g. -éid, pl. -aí *ticket*

tigh [t'ig'] m. g. tí, pl. tithe *house*

timpeall [t'i:mpəl] *around* (c. gen.)

tine [t'in'i] f. g. id., pl. tinte *fire*; tine chreasa [xr'asə] *frictional sparks, "flashing fire"*

tinn [t'əiŋ'] *sore, sick*

tinneas [t'eŋ'əs] m. g. -nis, pl. -aí *pain, soreness*

tiomáinim [təˈmɑ:n'im'] *I drive*

tiomáint [təˈmɑ:nt'] vn. of tiomáinim

tiománaí [təˈmɑ:ni:] m. g. id., pl. -aithe *driver*

tionóisc [t'əˈno:ʃk'] f. g. -e, pl. -í *accident*

tirim [tr'im'] *dry*

titim [t'it'im'] *I fall*

tobac [təˈbak] m. g. id. *tobacco*

tobar [tobər] m. g. -air, pl. toibreacha *a well*

tógaim [to:gim'] *I raise, I take*

toil [tol'] f. g. tola *will*; más é do thoil é [ma: ʃe: də ˈhol'e:] *if you please* toisc [toʃk'] *because*

tosach [təˡsɑx] m. g. -aigh *beginning, front*

tosnaím [tosˡni:m'] *I begin*

tost [tost] m. *silence*

trácht [trɑ:xt] vn. of tráchtaim

tráchtaim [trɑ:xdirɪ'] *I speak of, discuss* (with ar)

traein [tre:n'] f. g. -enach, pl. -enacha *train*

tráigh [trɑ:g'] f. g. trá, pl. tránna *strand*

trasna [tr'asnə] *across* (c. gen.)

tráthnóna [trɑ:nˡho:nə] m. g. id., pl. -nóintí *evening*; fé thráthnóna *by evening*

tréan [tr'ian] *strong*

treo [tr'o:] m. *way, direction*; i dtreo *in order*

1. trí [tr'i:] *three*

2. trí *through*; with pron. tríom [tr'i:m], tríot [tr'i:t], tríd [tr'i:d'], tríthi [tr'i:hi], trínn [tr'i:ŋ'], tríbh [tr'i:v'], tríothu [tr'i:hə]

triall [tr'iəl] *journeying, going*; chuas ag triall air [xuəs ə ˡtr'iəl er'] *I went to fetch it*

tríd [tr'i:d'] *through*

trithí [tr'iˡhi:] *fits of laughter*

tríú [tr'i:u:] *third*

triúr [tr'u:r] m. g. triúir, trír *three persons*

trócaire [tro:kir'i] f. g. id. *mercy*

troigh [trig'] f. g. -e, pl. troithe *foot*

trom [troum] *heavy*

trua [truə] f. g. id. *pity*

trucail [trukil'] f. g. -e, pl. -í *cart*

tuairim [tuər'im'] f. g, -e, pl. -í *opinion, estimate*

tuairisc [tuər'iʃk'] f. g. -e, pl. -í *news, account, description*

tuath [tuəh] f. g. -a *countryside*

tugaim [tugim'] *I give, bring*

tuí [ti:] f. g. id. *straw, thatch*

tuigim [tig'im'] *I understand*

tuilleadh [til'i] m. *more, additional quantity*; a thuilleadh *any more*

tuillim [til'im'] *I earn, deserve*

tuirse [tirʃi] f. g. id. *tiredness*

tuirseach [tirʲʃax] *tired*

túis [tuːʃ]: ar dtúis *at first*

túisce [tuːʃgʲi] *sooner, soonest*

tuistiún [tiʃʲdʼuːn] m. g. -iúin *fourpence*

turas [trus] m. -ais, pl. -anna *journey*

uachtar [uəxdər] m. g. -air, pl. id. *top, surface, cream*

uaigneach [uəgʲinʲəx] *lonely*

uaigneas [uəgʲinʲəs] m. g. -nis *loneliness*

uain [uənʲ] f. *time, opportunity*

uaine [uənʼhi] *green*

uair [uərʲ] f. g. -e, pl. -eanta *hour, time*; uaireanta *sometimes*

ualach [uələx] m. g. -aigh, pl. -laí *burden, load*

uan [uən] m. g. uain, pl. id. *lamb*

ubh [ov] m. g. uibh, pl. uibhe [ivʼ, iː] *egg*

úd [uːd] *that*, see súd

uile [ilʼi] [elʼi] *all*

uisce [iʃgʼi] m. g. id. *water*

ullamh [oləv] *ready*

um [um] *about, around*; um thráthnóna [um hrɑːnʲhoːnə] *in the evening*; with affixed pron. umam, umat, uime, uimpi, umainn, umaibh, umpu

úr [uːr] *fresh*

urlár [uːrʲlɑːr] m. g. -áir *floor*

usa [usə], see fuiriste

úsáid [uːʲsɑːdʼ] f. g. -e *use*